萧班学习进步工具箱丛书

你的孩子
学习
可以更好的

肖晶——著

机械工业出版社
CHINA MACHINE PRESS

本书是帮助家长提升孩子学习能力和学习成绩的实用指南。通过本书提供的科学方法和实用工具，家长能有效帮助孩子提高学习动力，提升学习效率，还能帮助孩子养成良好的学习习惯，矫正不良的学习习惯，同时提升孩子的各项学习品质。

本书共分为四大部分（学习动力、学习效率、学习习惯、学习品质），家长可以根据孩子所处的不同学习阶段和面临的具体问题，在书中找到相应的解决方案。通过本书，家长可以对孩子学习的全过程进行有效引导，循序渐进地帮助孩子提升学习能力，为孩子的未来发展奠定基础。

图书在版编目（CIP）数据

你的孩子学习可以更好的 / 肖晶著 . -- 北京：机械工业出版社，2025.5. --（萧班学习进步工具箱丛书）. ISBN 978-7-111-78326-8

I. G791

中国国家版本馆 CIP 数据核字第 2025K4H672 号

机械工业出版社（北京市百万庄大街 22 号　邮政编码 100037）
策划编辑：邹慧颖　　　　　　　　　责任编辑：邹慧颖　舒　琴
责任校对：邓冰蓉　李可意　景　飞　责任印制：任维东
北京科信印刷有限公司印刷
2025 年 8 月第 1 版第 1 次印刷
147mm×210mm·10 印张·1 插页·231 千字
标准书号：ISBN 978-7-111-78326-8
定价：69.00 元

电话服务　　　　　　　　　　网络服务
客服电话：010-88361066　　　机　工　官　网：www.cmpbook.com
　　　　　010-88379833　　　机　工　官　博：weibo.com/cmp1952
　　　　　010-68326294　　　金　书　网：www.golden-book.com
封底无防伪标均为盗版　　　　机工教育服务网：www.cmpedu.com

序言

你的孩子学习可以更好的

孩子的教育：每个家庭的核心关注点

孩子的教育是每个中国家庭的重中之重，作为家长，你是否感到无从下手，不知道如何更好地帮助孩子？无论是在工作中还是在生活里，许多家长倾其所有，只为给孩子提供更好的学习条件和成长环境。你是否也有过这样的时刻，感到再多的付出似乎也无法让孩子产生明显的改变？这种困惑和焦虑是许多家长共有的感受。

在与无数家长的沟通中，我深刻理解到，家长在教育孩子的过程中承受着巨大的压力。通常，这种压力来自两个方面：一是对孩子当前学习状态的不满意，以及对改变孩子学习现状的无力感；二是对孩子未来发展的担忧与迷茫。你是否也曾感受到这些无力与迷茫？这种压力让许多家长在教育孩子时不知所措，甚至影响了家庭关系和自己的心理状态。

家长常常问我："我的孩子还能进步吗？"回答这个问题正是我写这本书的初衷。我希望通过科学研究的成果和多年的实践经验，直接告诉家长们：你的孩子学习可以更好的！只要找到正确的方法并付诸行动，你一定可以看到孩子在学习和成长方面的改变。如果你对这一点有信心，那么本书将成为你在育儿路上的得力助手，帮助你找到每一步的方向。

实现"你的孩子学习可以更好的"的目标，是有科学方法的

近年来，越来越多的研究表明，虽然孩子的天赋确实对学习有影响，但环境因素和家庭的教育方式同样至关重要。在相似的先天条件下，后天的培养显著影响着孩子的发展速度和发展方向。因此，本书的核心目标就是将这些科学知识转化为家长可以理解和操作的育儿方法，帮助孩子在学习和成长中取得更好的发展。比如，你是否也曾尝试改变孩子的学习习惯，却发现很难坚持下去？本书将为你提供经过科学验证的方法，帮助你应对这样的挑战。

本书的所有内容均基于多年科学研究与教育实践的积累，每一个方法与策略都经过科学验证，确保家长可以安心应用。同时，本书力求每个建议都具有可操作性，家长在阅读后可以立刻实践。你是否曾希望找到一些方法，让你在家就能帮助孩子突破学习瓶颈？提供这些方法正是本书的价值所在。

本书的内容其实是我们团队十余年来教育实践和科学研究经验的浓缩与总结。过去的这些年，我们致力于帮助北京等地的知名中小学的学生，支持儿童、青少年学习的提升与心理成长。这些经验不局限于课堂教学，更包括对家长的支持。多年来，我们通过"你的孩子学习可以更好的"系列讲座与课程，帮助了许多中小学的教师和家长。这些讲座因为效果显著，广受认可。基于家长和学校的信任与期待，我开始认真地准备本书，希望将科学成果与实际解决方案系统地呈现出来。这些成果不仅仅是理论的积累，更是在无数家庭的实践中得到反复验证的育儿策略。

编写本书的三大标准

在编写本书时,我制订了三大标准,确保每一个知识点都能真正帮助家长解决问题,做到实用、科学、可操作。

第一个标准:源于家长的真实需求

本书中的每一个知识点,均源于家长在育儿过程中反复遇到的真实问题。我们的目标是让每一个建议都能够击中家长的日常挑战,并引发共鸣。比如,你的孩子是否对学习失去了兴趣,或者总是难以集中注意力?你的孩子是否也曾有过坐在书桌前却总是分心的时候?这些常见的挑战和焦虑都是本书的核心关注点。

针对这些情况,我们将在书中详细探讨如何通过调整学习环境、改善孩子的行为习惯等科学手段,帮助你的孩子提升学习状态,并让学习变得更加高效。

第二个标准:基于科学研究的有效方法

本书中所有的方法与建议均以科学研究作为理论支撑和实践依据,我们参考了全球最前沿的研究成果,确保每个建议都是经过验证、具有科学依据的。通过这些科学验证的方法,我们将教你如何帮助孩子取得学习上的持续进步,从而减轻你的育儿焦虑。例如,你是否也曾苦恼于孩子的学习动力不足?在本书中,我们不仅解释了学习动力的科学原理,还提供了激发孩子内在学习动力的实用策略,让你能放心应用这些科学方法。

第三个标准:可操作性强的实用方案

所有的知识和方法都必须能够让家长"学完即用"。本书力求将每一个建议转化为具体、简单的行动步骤,以确保家长们在学习之后,能直接应用到育儿过程中去。你是否尝试过一些育儿方法,但因为效果不明显而逐渐放弃?在本书中,我们的每一个建议都经过了实际验证,力求让你看到简单易行的改善方案,并帮助孩子取得实际进步。例如,当你想要纠正孩子的拖延习惯时,我们会提供详细的步骤,指导你一步步帮助孩子建立时间管理能力,让你看到显著的效果。

科学与实用性的平衡:写一本家长能用得上的家庭教育书

写好一本让家长看得懂、用得上的家庭教育书,真的非常不容易。既要做到科学严谨,又要让内容生动易懂。在写作过程中,我们始终反复思考:怎样的内容能让家长一看就懂,一学就会,一用就见效?实现这几点是本书的核心目标。

在前期准备中,我们惊讶地发现,科学研究中的许多知识与家长的实际需求之间存在较大脱节。因此,我们的一个重要任务就是将这些海量的科学知识和家长面临的实际问题进行结构化整合,转化为家长易懂、可操作的内容。举个例子,当孩子在学习中遇到阻力时,很多家长会感到无从下手。对此,本书不仅提供科学的解释,还附有"如何一步步清除孩子学习阻力"的详细指南,让家长可以从容应对孩子学习中的挑战。

本书定位

本书定位明确:基于孩子学习与教育的核心问题,将真实场景中的事例与科学解析相结合,深入讲解孩子常见的学习与成长问题的科学规律,并提供具体且可操作的解决方案。

我个人将本书总结为一句话:用家长最熟悉的教育需求场景,讲家长听得懂的科学道理,帮助家长解决孩子教育中的关键问题。

本书的结构设置和编写思路

我们将学习提升过程拆解为4个循序渐进的阶段,每个阶段都有不同的目标和挑战,以及帮助家长系统化地掌握使孩子学习进步的全流程方法。

第一部分 从0到1,重启孩子的学习

这一部分专注于如何帮助孩子重新产生学习的动力,尤其是在他们失去兴趣或遇到困难时。我们的目标是帮助家长找到重新点燃孩子学习热情的有效方法,让孩子的学习从零起步,迈出第一步。

第1章 启动学习的内在动力

帮助孩子点燃学习的兴趣与动力,引导他们迈出学习的第一步。

互动问题:你的孩子是否对学习失去了兴趣?你是否也在寻找方法重新点燃他的动力?本章将帮助你找到答案。

第2章 重启学习的助推力:家长如何助孩子学习一臂之力

探讨如何通过外部激励和环境支持,帮助孩子重启学习的过程。

互动问题：你是否尝试过用奖励或环境改变来激励孩子，但效果不如预期？本章将提供一些新的思路与建议。

第 3 章　克服学习过程中的阻力

分析孩子学习初期可能遇到的各种阻力，包括注意力分散和情绪问题等，并提供相应的解决方法。

互动问题：你的孩子是否容易在学习中分心或者因情绪波动而影响学习？本章将教你如何一步步帮助孩子克服这些障碍。

第 4 章　人际动力与情感支持

强调社交和情感支持的重要性，帮助孩子在学习中感受到来自家长和同伴的鼓励。

互动问题：你是否曾发现孩子对同伴和家长的鼓励的反应强烈？本章将告诉你如何利用这种情感动力来促进学习。

第二部分　从 1 到 50，学习进步的密码

学习的进步是一个不断积累的过程。本部分为家长提供具体的策略和方法，帮助孩子稳步取得学习成效，实现从兴趣到有效学习行为的过渡。这一阶段重点在于将初步的学习行为变得系统化，帮助孩子稳扎稳打地向前迈进。

第 5 章　打好学习的基础：如何获得学习进步的"第一桶金"

帮助孩子打下良好的学习基础，为后续进步赢得丰厚的"第一桶金"。

互动问题：你的孩子是否因为基础薄弱而难以继续学习？我们将教你如何打好孩子的学习基础，让他们更加自信地迎接学习挑战。

第6章 提升学习全过程的效率：学习进步的关键

通过科学方法提升孩子的学习效率，确保每一分努力都能获得回报。

互动问题：你是否觉得孩子学习努力，但学习效果并不显著？本章将教你如何帮助孩子提升学习效率，让每一分努力都有回报。

第7章 学习能力的内在认知体系

深入理解孩子学习过程中的信息加工过程，提升他们的学习效率。

互动问题：你是否想要了解孩子在学习过程中是如何处理信息的，以便优化他们的学习方式？本章将为你详细介绍这些认知过程。

第8章 减少学习中的损耗

找出学习中的无效环节，减少不必要的时间和精力投入。

互动问题：你的孩子是否在学习中存在许多"低效时刻"？我们将帮助你找到并减少这些学习损耗，提高学习的整体效率。

第三部分 从50到100，学习习惯是高效学习的关键秘密

当学习进入稳定阶段，最重要的是将良好的学习行为内化为习惯。本部分提供如何养成长期有效的学习习惯的科学指导，让学习成为孩子日常生活的一部分。

第9章 好的学习习惯为什么重要和难以养成

阐明学习习惯对学习成效的影响，以及养成好习惯的重要性。

互动问题：你的孩子是否也曾经有过三分钟热度的情况？你

是否想让他们的好习惯能够持续下去？本章将告诉你如何实现让孩子维持良好学习习惯的目标。

第 10 章　如何判断孩子是否养成良好的学习习惯

帮助家长识别孩子是否已经形成良好的学习习惯。

互动问题：你是否曾对孩子的某些行为到底是不是好习惯感到困惑？本章将教你如何判断和引导孩子的学习习惯。

第 11 章　好的学习习惯如何养成

提供系统的方法帮助孩子养成长期有效的学习习惯。

互动问题：你是否希望孩子的学习行为能够自动化，无须督促？本章将为你提供养成长期有效的学习习惯的策略。

第 12 章　坏的学习习惯如何矫正

针对不良学习习惯，提供有效的矫正策略。

互动问题：你的孩子是否有一些难以改掉的坏习惯？本章将为你提供切实可行的矫正方案。

第四部分　从学习进步到全方位成长

学习的目标不仅仅是取得学业上的进步，更重要的是帮助孩子建立面向未来的综合成长能力。在这一部分中，我们探讨如何将学习的进步拓展到孩子的其他品质上，例如心理韧性、问题解决能力、认知执行功能，帮助孩子在学习之外也能不断自我突破，实现全方位的成长。

第 13 章　学习品质之心理韧性

培养孩子在面对挑战时的抗压能力和坚持精神。

互动问题：你的孩子是否在遇到困难时容易放弃？本章将帮

助你培养孩子的心理韧性，让他们能够面对挑战而不轻言放弃。

第 14 章　学习品质之问题解决能力

帮助孩子建立系统的思维方式，提升他们解决问题的能力。

互动问题：你的孩子是否在遇到难题时常常不知所措？我们将教你如何帮助他们提升问题解决能力。

第 15 章　学习品质之认知执行功能

提高孩子在复杂任务中的计划与执行功能，确保学习的高效与专注。

互动问题：你是否希望孩子面对复杂任务时能够高效地规划和执行？本章将告诉你如何提升孩子的执行功能。

如果本书的内容能够在你培养孩子的过程中，对拓展你的思路、优化你的教育思维，或改善你的教育策略有所帮助，那么我们所有的努力都是值得的。

如果家长知道我们为了写好这本书，阅读了多少国内外的科学资料，整合了多少帮助家庭解决孩子学习与成长问题的经验，我相信你就能理解，为什么这么多家长都在说"育儿不慌学萧班"了。

我们所有的努力，都是想告诉家长一句话：路漫漫其修远兮，你的孩子学习可以更好的。

萧班长

初稿写于 2022 年 6 月 1 日

2024 年 11 月 11 日修改定稿

目录

序言 你的孩子学习可以更好的

第一部分
从 0 到 1,重启孩子的学习

第 1 章 启动学习的内在动力 / 2
第 2 章 重启学习的助推力:家长如何助孩子学习一臂之力 / 23
第 3 章 克服学习过程中的阻力 / 35
第 4 章 人际动力与情感支持 / 62

第二部分
从 1 到 50，学习进步的密码

第 5 章　打好学习的基础：如何获得学习进步的"第一桶金" / 88
第 6 章　提升学习全过程的效率：学习进步的关键 / 109
第 7 章　学习能力的内在认知体系 / 132
第 8 章　减少学习中的损耗 / 146

第三部分
从 50 到 100，学习习惯是高效学习的关键秘密

第 9 章　好的学习习惯为什么重要和难以养成 / 162
第 10 章　如何判断孩子是否养成良好的学习习惯 / 180
第 11 章　好的学习习惯如何养成 / 194
第 12 章　坏的学习习惯如何矫正 / 208

第四部分
从学习进步到全方位成长

第 13 章　学习品质之心理韧性 / 222
第 14 章　学习品质之问题解决能力 / 248
第 15 章　学习品质之认知执行功能 / 269

附录　给家长的建议 / 288

1

第一部分

从 0 到 1，重启孩子的学习

第 1 章

启动学习的内在动力

问题场景与表现：
深入剖析每个家长心中的疑惑

在孩子成长的过程中，每个家长都会遇到一系列的挑战和疑惑。这些问题看似各不相同，但背后往往隐藏着一个共同的主题——孩子的学习动力问题。你是否曾经听到孩子说过以下话语？

- "妈妈，我不想学习了。"
- "这个作业太难了，我不会。"
- "学习真的很无聊，我不喜欢。"
- "今天可以不做作业吗？"

这些话是否让你感到熟悉？背后仅仅是孩子暂时的不情愿，还是隐藏着更深层次的原因呢？

当我与家长们交流时，经常听到以下类似的抱怨。

- "我家孩子没有学习的自觉性,总得我去催他。"
- "我家孩子以前那么喜欢学习,为何现在变成这样?"
- "不时刻盯着,孩子就完全不学习。"

这些描述表面上似乎只是学习态度或习惯的问题,但实际上反映的是孩子学习动力的问题。是什么导致了他们学习兴趣和动力的减退?

许多家长来寻求帮助,虽然他们面临的具体问题有所不同,但核心关切集中在一点:如何让孩子重新燃起学习的热情,并且维持下去?

在现代教育环境中,孩子们面临的压力和诱惑显然更加复杂。电子游戏、社交平台、各种课外班,这些都可能分散孩子的注意力。真正的核心问题是,面对这样的外部环境,我们如何培养和维持孩子的学习动力?这是每一个家长或教育者都需要认真思考的问题。

学习动力的功能: 孩子学习之路上的核心驱动力

每一个家长都希望看到孩子在学习的旅程中能够自主,有激情,充满自信。学习动力无疑是实现这些期望的关键。那么,什么是学习动力呢?在学习过程中,动力就是启动、引导和维持学习行为的生理和心理条件。简单来说,动力就像汽车的发动机,提供了学习行为所需的原动力。

学习动力具备以下3个重要作用。

1. 启动学习:学习之路的点火钥匙

学习动力是启动孩子学习之旅的车钥匙,能够激发他们投入学习的决心和热情。它是孩子学习行为的首要驱动力。没有这把钥匙，孩子的学习之路可能难以开始。

2. 引导学习的方向与强度：学习之路的导航与油门

动力不仅能激活学习，还对学习的方向起到导航的作用，对学习的强度、频率和速度起到调节的作用。一个有动力的孩子，会有明确的学习目标，知道自己想要追求的方向。他们对于学习的态度更为积极，为了目标愿意投入更多的时间和精力，持续努力。

3. 维持学习的持续性：学习之路的防滑系统

学习过程不总是风平浪静的。孩子们会遇到各种困难，比如，受到诱惑、容易分心和放弃。学习动力正是帮助孩子在漫长学习过程中保持稳定、不轻言放弃的关键因素，好比汽车的防滑系统，保障孩子在学习道路上行驶稳定，不偏离轨道。

正是因为学习动力有这些功能，所以学习动力是否强大，对于孩子学习效果的影响是非常大的。没有学习动力，就不可能有主动的学习行为，也根本谈不上学习的改变与任何进步。

学习动力缺失的危害：
孩子学习之路上的隐形绊脚石

孩子在学习上遭遇的诸多困境，常常与内在学习动力的缺失有关。孩子们上课时容易走神、注意力不集中的表现，并非简单地与智力或能力有关，而更多地揭示了其内心对学习活动缺乏真正的热情与重视。令人惊讶的是，许多在课堂上显得心不在焉的孩子，在玩游戏或使用手机时却能专注数小时，全身心投入。这说明，问题并不在于孩子的注意力或智力，而是他们对学习缺乏真正的兴趣和动力。

在我的实践经验中，我接触到许多被家长形容为"不愿自主学习"的孩子。我将这一类缺乏学习动力的孩子形容为"空壳跑车"。这些孩子看似"光鲜亮丽"，但在学习的道路上却缺乏前进的动力。

学习动力的缺乏会催生一系列的问题，例如学习态度问题，具体指孩子对学习充满抵触情绪。孩子们可能会问："我为什么要每天写作业，每天去学校上学？""学这些有什么用？"这些疑问反映他们内心缺乏学习的意愿与动力，这一点会导致他们对日常学习产生强烈的抵触，学习效果下降。如果孩子对学习缺乏真正的兴趣和动力，他们会觉得学习如同受罚，过程中经历的痛苦与挣扎会让他们视学习为负担。这种学习中的痛苦与郁闷会进一步加剧对学习的抵触，形成恶性循环。这些孩子在上学或写作业时，眼神往往显得空洞，整个过程充满了痛苦与不堪。

如果你认同内在动力对学习的重要性，那么你肯定特别想知道孩子强大的学习动力是如何得来的。

孩子的学习动力是如何得来的

我们都希望孩子能积极努力地学习，拥有强大的内驱力，努力实现学习目标。要培养孩子的学习动力，首先需要了解两个重要的问题：一是学习动力是如何产生的，二是哪些因素可能会影响孩子的学习动力。当我们了解了这两个问题，我们就能明白学习动力的规律，从而找到提升孩子学习动力的方法。

很多时候，家长会尽最大努力陪伴孩子学习，检查作业，甚至配合孩子完成所有学习相关的任务。但很少有人会停下来思考，这些真的是孩子想要的吗？不仅仅是学习，在任何事情上，如果想让孩子自发、持续地去做，都需要考虑到孩子的动力。

我们可以用以下这个等式来帮助你理解孩子学习动力的产生。

学习动力的产生 = 需求满足 + 期待感

学习动力的产生要满足孩子的需求

满足需求是产生学习动力的核心原因之一。简而言之，学习必须能够满足孩子的各种需求，才能让孩子产生学习的动力。实际上，许多人的行为都是受需求驱动的。例如，我们因饥饿而寻找食物；因分享和被认同的需求而在网络上表达观点；因社交需求而结识新朋友并维持人际关系；因自我实现的需求而不断努力突破自我，追求更美好的未来。孩子也不例外，强烈的学习动力往往源于满足他多种需求的愿望。

所以，当孩子有需求时，他们就会有学习的动力，会调动所有的心理资源去努力学习。反之，如果没有需求，学习对孩子来说就会变得无关紧要，他们不会付出太多努力去学习。

孩子的需求很多，而学习能满足不同孩子的不同需求。家长对学习能满足孩子哪些需求的理解不同，这影响了他们处理孩子学习动力的方式。我们可以根据孩子在学习过程中的需求类别与特点，将学习能够满足孩子的需求分为基础需求、内在成长需求和外在探索需求三种类别。通过满足这些不同类别的需求，我们可以更好地理解孩子学习过程中的各种规律。

1. 基础需求

基础需求包括基本的生活和安全需求。想象一下，如果一个小学生或初中生不去上学，他在家里会承受巨大的生活压力，整个家庭氛围会让孩子感到不安全，生活节奏和质量也会受到很大的影响。上学可以让孩子获得基本的生活和安全需求，满足其基础需求。

2. 内在成长需求

孩子在成长过程中特别渴望知道自己的优点，别人怎么看待自己，父母是否真的爱自己等。这些需求可以通过学习来满足。学习过程中，孩子逐步掌握知识，这能让他们对"我是谁"这个自我探索和自我建设的需求得到满足。例如，当孩子在课堂上回答问题并得到肯定时，他们会感到自信和被认可，从而激发进一步学习的动力。

3. 外在探索需求

孩子有与外界互动交流的需求，也有探索世界的需求。满足这些需求会极大提高孩子承受学习的辛苦的能力，抵抗学习之外的诱惑和干扰，长时间努力学习。在儿童和青少年阶段，孩子的生活圈子非常小，所以他们主要通过学习与外界互动、探索世界。一旦学习无法满足这些需求，孩子可能会通过玩手机、玩游戏等方式寻找与外界互动和探索世界的途径。

因此，学习不仅仅是获取知识的途径，更是孩子的一种生活方式。在学习过程中，孩子通过学知识、与他人讨论学习主题来社交、体验学习生活，用成绩及他人对自己的评价来定位自己。这些都是孩子对外探索的过程，学习需要承担起满足孩子探索外在世界这一需求的功能。

如果学习无法满足孩子的这些需求，那么孩子的学习动力就会出现问题，因为需求满足是孩子努力的重要动力。有时候家长发现孩子学习不努力、学习停滞不前时，应该停下来好好梳理孩子在学习过程中的需求清单，仔细复盘孩子的学习过程，看看哪些需求目前是缺失的，从而更好地理解孩子为什么不努力学习。

分析孩子学习动力不足的原因，需要回答以下问题。

- 学习是否可以为孩子带来即时的物质奖励？
- 学习是否能让孩子获得家长、老师和其他人的表扬与鼓励？
- 学习过程中，孩子能否结交到更多的朋友？
- 学习过程中，孩子能否变得更自信，觉得自己很棒？
- 学习过程中，孩子能否获得更多的成就感？
- 学习的成果能否让孩子和家长的关系变得更加融洽？
- 学习的知识能否立即应用到孩子的生活中？
- 学习能否让孩子更爱自己？

如果以上问题的答案全部都是否定的，那孩子为什么要努力学习呢？

学习动力的产生要激发孩子的期待感

期待感，即对未来可能发生的积极事件的预期，是孩子学习的重要动力之一。孩子期待的事物可能是学业成功、得到好评或奖励。它们能成为孩子学习的动力。为什么这么说呢？我们通过两个例子来具体解释。

> **积极的例子**
>
> 小明是班上的优等生，每次考试都名列前茅。因此，每当家长会临近时，他都非常期待家长会的召开，因为他知道家

长会上，老师会表扬他，其他家长会羡慕，而回家之后自己的爸妈会非常高兴。这种期待让他在学习的过程中感到愉快和自信，因而更加努力。甚至在学习过程中，他都能感受到未来好结果带来的快乐，所以学习起来更有劲了。

消极的例子

小红学习成绩一直不太好，总是觉得学习是沉重的负担。家长会即将到来时，她总是很害怕，因为她知道会受到批评。对她来说，学习是一个痛苦的过程，她对其失去了期待感。因此，每次学习时，她都要承受对学习结果的担忧与痛苦。

从这两个例子中我们可以看出，对小明来说，学习带给他积极的反馈，这让他对未来充满期待。而对小红来说，她的努力总是伴随着痛苦，这让她对学习失去了期待。

这种情况和一个著名的心理学实验——马丁·塞利格曼的**习得性无助**实验——有很大的相似之处。在这个实验中，一只狗被放在一个笼子里，笼子的一半是可以逃脱的，另一半则是不可逃脱的。狗被放在不可逃脱的一半，然后笼子下面的电网会发出电击，让狗感到痛苦。最初，狗会尝试逃脱，但由于无法逃脱，最终会放弃并承受电击。当然了，我们并不是在说应该对孩子实施任何形式的伤害。我们引用这个实验是为了表明，如果一个生物（人或动物）长期相信自己的努力无法改变痛苦的结果，那么他们最终会放弃尝试。

对于小红来说，她的经历使她相信，无论她怎样努力，学习总是痛苦的，因此她失去了对学习的期待。

因此，理解了这些知识后，你可能会更容易理解，为什么有时候即使孩子在学习上付出了努力，但成绩还是不理想，他们的反应会特别大，甚至会丧失学习动力。这是因为，如果他们尝试改变自己的学习行为，但学习的结果仍然不好，他们就会产生疑问："我的学习行为有什么必要改变呢？"或者，有时候即使孩子的学习行为已经发生了改变，但努力过后发现家长仍然对他们有偏见，不相信他们能管理好自己的时间，或者在家里仍然对他们有各种抱怨。这时，孩子就会对学习动力、学习行为的改变彻底失去兴趣。因为他们发现，无论是努力学习还是主动愿意学习，结果都没有任何不同，依旧会产生糟糕的体验。那么，如果结果没有任何值得期待的因素，孩子的学习动力确实就不会增强了。

期待感对于学习动力非常重要。期待感让孩子坚信现在的学习行为一定会带来未来积极的结果，付出总有回报，好事情一定会发生，这样就把现在的努力与**未来的受益**紧密绑定在一起了。这样才能让孩子产生更强大的学习动力。因此，期待感就是对未来好事情发生的期盼，对于学习过程来说非常重要。

在理解学习动力的过程中，我经常采用"分解学习过程的三条主线"方法，来帮助家长理解学习动力。这个方法很好操作，就是把孩子学习的整个过程分解为情绪、行为和认知三条主线。这样可以很好地理解孩子学习动力中的问题，从而精准调试。在后续谈到学习动力培养的"1-2-3"原则部分，我会详细阐述分解孩子学习过程三条主线的具体方法。

学习动力培养的"1-2-3"原则

如何培养孩子强大的学习动力？在教育孩子的过程中，需要遵循培养学习动力的"1-2-3"原则。**"1"指一个视角，即以"孩子视角"为教育孩子的第一视角**。"孩子视角"作为首要教育视角，是建立孩子学习动力的第一步。这意味着我们需要站在孩子的角度，观察他们的学习过程，聆听他们的声音，理解他们的学习体验与想法。**"2"指两个关键，即满足孩子的需求与强化孩子的期待感**。加强孩子的学习动力，需要强化两个关键因素：一是孩子的期待感，二是他们的需求是否得到满足。**"3"指三条主线，即把握教育孩子的情绪、行为、认知三条主线**。教育孩子的三条主线是：一是情绪主线，二是行为主线，三是认知主线。

1. 一个视角——以"孩子视角"为教育孩子的第一视角

"孩子视角"作为首要教育视角，是培养孩子学习动力的核心原则。这意味着我们需要站在孩子的角度，观察他们的学习过程，聆听他们的声音，体验他们的思想和感受。这样我们才能真正理解孩子在学习过程中的真实体验和想法。

举个例子，当孩子完成作业后，高兴地对你说："妈妈，今天的作业挺简单的，我一会儿就做完了，我先去打会儿游戏啊。"如果从家长的视角看这一情景，家长可能会立刻觉得这是个不求上进的孩子，认为他只想尽快完成作业去玩游戏，可能会觉得孩子只是拿着完成的作业来交换玩游戏的机会。家长也可能会忽视孩子是否已经认真完成了作业，是否所有题目都做对了，或者是否为了完成这些作业付出了很多努力。这可能会导致家长生气，甚至找出孩子作业中的错误，作为不让他玩游戏的理由，从而导致家庭冲突。

然而，如果能够站在"孩子视角"上，情况就会完全不同。

当孩子说："妈妈，我作业做完了，我觉得今天的作业还挺简单的，我做完了想去打会儿游戏。"从孩子的角度来看，这可能意味着，他发现他真的掌握了今天的作业，这说明他今天的学习是有效的，感觉不错。他完成作业也辛苦了，想玩会儿游戏放松一下，他想妈妈会同意的，因为他比平时更加专注，而且几个难题他也能解决了。他玩一小会儿，然后再听妈妈检查作业的结果。如果全部做对了，妈妈肯定会表扬他的。今天真的不错，他很开心。

从这个角度来看，孩子的行为是积极的，他感到自豪，因为他能够完成任务，甚至是一些困难的任务。他想要一点儿休息时间，然后再继续学习。这是一个合理的请求，值得我们的支持和鼓励。

因此，家长在面对孩子的学习问题时，首先要有这样的意识："如果我是孩子，我想要表达什么？我期待家长怎么回应我？我期待家长如何安排接下来的活动？"然后再回到"家长角色"，提醒自己在表达、沟通和做决定时，是否有一些信息盲区。对于有些事情，因为自己不是孩子本人，可能会漏掉一些信息细节，从而可能会导致孩子的误解和不满。从实践效果来看，最佳操作方法是家长用学习中的物品以拟人的方法亲口说出孩子的内心想法，效果将特别好。例如孩子学习完之后，立马把作业拿过来给家长看，家长可以说："这么积极把作业拿过来给我看，作业本都在对我说'快看，快看，这些题目做得好快啊，你就说厉害不厉害吧'。"其实这样的过程，就是从孩子视角出发，孩子所有行为背后一定都是有信号的。这些信号如果长期得不到回应、被看见、被理解、被认同，就会慢慢弱化、消失，可能也会因为你们关系的隔阂而被你屏蔽。所以，孩子视角为第一原则，就是要求家长去理解孩子所有学习行为背后的想法。

　　这种视角转换的意识能够帮助我们更全面、灵活地理解孩子学习行为背后的**深层次需求**，从而激发孩子的学习热情。它提醒我们，当我们面对孩子的学习问题时，首先要努力理解孩子的想法和需求，然后再做出决定。这样，我们可以避免一些不必要的冲突和误解，更有效地支持孩子的学习和发展。表1-1是一个视角转换的例子。

表1-1　家长与孩子视角转换的实例

事件	孩子视角	家长视角	核心冲突要点	解决策略
孩子完成作业	客观事实：完成了所有作业 我的感受：辛苦，想放松 我的需求：短暂的休息	客观事实：孩子说完成了所有作业 我的感受：怀疑，紧张 我的需求：确定作业的完成质量	家长的怀疑与孩子的期望不匹配	共同检查作业质量，然后决定适当的休息时间

2. 两个关键——满足孩子的需求与强化孩子的期待感

（1）学习动力的培养之满足孩子的需求

　　为了培养孩子的学习动力，家长需要理解学习过程中孩子的需求，并与孩子共同寻找适合的方法和途径来满足这些需求，成为孩子在满足学习需求的过程中的合作伙伴和成长陪伴者。要培养孩子良好的学习动力，需求满足方面需要遵循一个原则：理解孩子学习行为背后的需求。

为了让孩子更加主动和自觉地学习,我们需要站在孩子的角度,体验他们的学习过程,并思考学习能够满足孩子的哪些需求。我们已经总结过,学习可以满足孩子三大类需求:基础需求、内在成长需求、外在探索需求。例如,对于有外在探索需求的孩子,可以鼓励他加入社交性质的课外活动,比如参与社区服务。家长的角色是孩子的合作伙伴和成长的陪伴者。在孩子的学习过程中,家长可以通过提供支持来帮助孩子满足自身需求,培养孩子的学习动力,助力他们的未来发展。

家长可以根据孩子的具体情况,列出一个关于他的学习需求权重清单(见表1-2),详细分析孩子的学习能满足他的哪些需求。理解了孩子的需求后,家长和孩子可以一起探索满足这些需求的合适方法。

表1-2 孩子学习需求权重清单工具表

孩子的学习需求	权重分数(0~5分)
获得更好的食物与娱乐活动	
证明自己还不错	
感受到家长及其他重要他人对自己的认可与爱	
交到更多朋友	
发现自己的优势与不足	
探索知识,答疑解惑	
让自己未来变得更好	

(续)

孩子的学习需求	权重分数（0~5分）
让生活更加快乐	
总分	

说明：权重分数为0~5分，其中0分表示孩子完全没有这个需求，5分表示孩子对这个需求非常强烈。家长可以根据孩子的具体情况为孩子的每个需求分配分数。总分是所有需求权重分数的总和，最高为40分。

总分分数区间代表含义如下所示。

0~10分：孩子的学习需求不明显，需要进一步了解孩子的真正需求。

11~20分：孩子有一定的学习需求，但可能还没有完全明确或强烈感受到这些需求。

21~30分：孩子的学习需求比较明显，家长可以根据得分最高的需求来支持孩子的学习。

31~40分：孩子的学习需求非常明显和强烈，家长需要特别注意并积极采取行动来支持孩子的学习。

家长可以根据总分和分数分布，了解孩子的学习需求的总体情况，并根据需要采取适当的措施。

（2）学习的全流程期待感管理

此外，期待感的建设要在学习的全流程中进行。家长要把孩子的学习当成一个项目来管理。家长在孩子学习之前、学习过程中和学习之后都要对孩子进行期待感的管理建设。

①学习之前

很多家长在与孩子一起吃完晚饭后，会习惯性地对孩子说：

"吃完饭了就赶紧去写作业吧，不然待会儿又折腾到半夜都写不完。你不睡觉我就没法儿睡，明天一大早我也得上班呢。每天都是这样不自觉，总得我来催你学习。你看吃完饭就是往沙发上一坐，我不说就不知道自己主动去写作业的。你这孩子每天都这样，真是的。"

解析这段话，它体现了家长的疲惫和不满，孩子其实无法启动对学习的期待，反而会触发之前学习中的各种不愉快经历的记忆，可能会因此而产生消极情绪，这对接下来的学习并不有利。孩子可能会觉得被催促和指责，并不期待接下来的学习，这可能导致学习动力的丧失。

优秀的家长会在孩子学习之前帮助他启动快乐的心情，让快乐成为孩子学习的起点，这样孩子就会期待接下来的学习。例如，家长可以说："马上就要学习了，我已经为你准备好了你喜欢的果汁和牛奶，你想喝哪个？"或者说："我刚学会了一种新的水果茶做法，等你学习完了我做给你尝尝好吗？"这样的沟通方式，能激发孩子的学习兴趣，让他们对接下来的学习充满期待。

②学习过程中

一些家长会不断打断孩子，严格监督孩子，这会使孩子对学习过程失去期待感，因为整个过程都是被动的。好的做法是在孩子学习之前就和他沟通好，比如说："学习过程中肯定会遇到不会的题目，等会儿你可以整理一下，然后咱们一起看看，我也不一定会做，到时候咱们一起想办法。"这样的沟通，能让孩子在遇到困难时不会感到挫败，而是会期待着和家长一起解决问题。

③学习之后

一般会有检查作业的环节。很多家长一发现孩子做错了，就会责备孩子,并要求他们立刻改正。这种做法会让孩子感到痛苦,影响他们未来的学习动力。一个好的做法是,设定一个容错率,比如根据孩子过去一段时间的作业质量,给孩子设定一定的容错空间。这样,孩子就会明白,做作业是可以出错的,而出错并不是世界末日。

还有一个家长分享了她的做法:"每次检查作业时,如果发现孩子做错了,我会跟孩子说'作业是你一个人的事情,但我们是一家人,我们应该一起面对困难。你做错了,不仅仅是你的责任,也是妈妈和爸爸的责任。所以,每做错一个题目,妈妈会喝一杯水作为惩罚。爸爸也要承担责任,他会给妈妈100块钱。你也要负责,重新做一遍这个题目。如果这次做对了,妈妈会用爸爸给的100块钱,周末带你去吃你最喜欢的炸鸡。不过孩子你是知道的,妈妈喝水不行,你可要帮帮我,少错几个题目啊,如果做错的题目太多,妈妈待会儿就要变成一个水球,喝水过多原地爆炸了'。"

所以期待感是一种积极的情绪,可以有效地提升孩子的学习动力。期待感可以在学习之前、学习过程中、学习之后的全流程中进行培养,从而更好地促进学习动力的产生。

3. 三条主线——把握教育孩子的情绪、行为、认知三条主线

在培养孩子的学习动力时,我们可以将孩子学习过程中的心理过程拆分为三条主线:情绪主线、行为主线和认知主线。

以孩子沉迷游戏的例子来阐述情绪、行为、认知三条主线的重要性,就能理解分析行为背后的需求的价值。一些孩子沉迷

于游戏，完全不考虑学习，甚至不顾家长的责备。首先是情绪主线。如果我们用拆分三条主线的技术，会发现玩游戏满足了孩子的快乐需求。快乐是孩子的基本需求。如果学习总让孩子感到郁闷、不开心，他们就会尝试其他事情，看是否能带来快乐。如果发现玩游戏比学习更能带来快乐，许多孩子就会沉迷游戏。

其次是行为主线。孩子玩游戏的行为是主动发起的，而且在游戏中的各种行为都是受孩子控制的，所以行为的可控性在这里得到了充分体现。反观学习中的行为，很多事情孩子都是被动完成的，既非主动发起，也没有自由、可控的空间。有些孩子抱怨："妈妈连我写作业用的笔都要管，我觉得我就是她的机器。"缺乏自主性和掌控感会导致孩子的学习动力下降。

最后是认知主线。孩子玩游戏是因为他们认同玩游戏这件事情，而不想学习是因为他们不认同学习这件事情。我们需要进一步了解孩子的认知主线，分析孩子为什么会如此认同玩游戏——是因为认同玩游戏本身、玩游戏的伙伴，还是玩游戏中的其他因素等。同理，我们也可以反思学习中，孩子有哪些抵触、不认同的因素——是不喜欢学习本身、学不会，还是不喜欢学习过程中出现的老师、家长、同学，或是对为什么要学习产生了困惑。如果你问孩子为什么要打游戏，他们能立马给你非常完美的回答，而对于为什么要学习，立即给出答案就不那么容易了。所以，从认知主线我们可以更好地理解和规划孩子的学习态度。

首先我们把孩子的学习过程拆分成情绪、行为、认知三条主线，并且按三条主线把孩子的期待与需求罗列清晰。然后把影响因素拆分成风险因素与促进因素，这样我们就知道哪些因素可以促进学习过程的行为、情绪、认知，哪些因素可以造成负面影响。最后可以给出具体的改善建议，把复杂的学习动力问题按照学习过程进行拆分，精准找到孩子学习动力的问题所在，找到改善的具体建议。

（1）情绪主线

- **期待与需求**：列出孩子在情绪主线上的期待和需求。例如，孩子可能期望学习能带给他们快乐、自信和安全感。
- **促进因素**：比如得到家长的鼓励、尊重和支持。
- **风险因素**：比如过大的压力、过多的作业和负面的批评。
- **改善建议**：如果孩子不喜欢学习是因为他们感到压力很大，那么改善建议是减少家长施加的压力，为孩子提供一个更加轻松、支持的环境。

（2）行为主线

- **期待与需求**：孩子可能希望在学习中有更多的自主权和可控性。
- **促进因素**：比如允许孩子选择学习的顺序或方式。
- **风险因素**：比如严格的规矩和过多的干预。
- **改善建议**：鼓励孩子在学习中做出自己的选择，给予他们更多的自主权。

（3）认知主线

- **认知与需求**：孩子希望理解学习的意义，感受到学习的价值。
- **促进因素**：比如明确学习的目标和意义，展示学习成果带来的积极影响。
- **风险因素**：比如缺乏目标感和对学习意义的理解。

- **改善建议**：帮助孩子找到学习的意义和目标，展示学习成果的价值，增强他们对学习的认同感。

通过以上方法，我们可以更好地理解和应对孩子在学习过程中的需求和挑战，从而有效地培养他们的学习动力。表1-3是应用这种方法的一个例子。

表1-3　三条主线分析学习动力促进策略工具表

	孩子的期待与需求	风险因素	促进因素	改善建议
情绪主线	豆豆希望学习过程中感到愉悦 豆豆希望获得成功的体验	过大的压力可能会导致豆豆收到负面的反馈	妈妈的鼓励会为豆豆带来积极的反馈	提供一个轻松、支持的环境，以定期给予豆豆积极的反馈
行为主线	豆豆希望有足够的自由选择 豆豆希望能自主控制学习进度	过多的干预可能会导致豆豆缺乏选择的自由	妈妈的支持会为豆豆提供自由的选择	提供足够的自由以鼓励豆豆自主学习
认知主线	豆豆希望他的观点被尊重 豆豆希望理解学习的目的	错误的价值观可能会导致豆豆缺乏目标	提供正确的价值观可以帮助豆豆设定明确的目标	提供正确的价值观以帮助豆豆设定清晰的目标

本章总结

1. **问题表现与家长的疑惑**

   - 孩子缺乏学习动力,表现为不自主学习,需要家长不断催促。
   - 家长常见疑问:如何激发孩子的学习兴趣,让他们保持长期动力?

2. **学习动力的功能**

   - **启动学习**:学习动力是开启学习的钥匙,能够激发孩子的学习热情。
   - **引导学习方向与强度**:动力决定学习的目标、强度与投入程度。
   - **维持学习持续性**:学习动力帮助孩子克服困难,保持稳定的学习状态。

3. **学习动力缺失的危害**

   - 动力缺失导致孩子学习兴趣减退,注意力不集中。
   - 学习越发困难,形成恶性循环。

4. **学习动力的产生机制**

   - **需求满足**:学习须满足孩子的基础需求、内在成长需求与外在探索需求。

- **期待感**：孩子对未来成功、奖励或表扬的期待感推动学习动力的产生。

5. 学习动力培养的"1-2-3"原则

- **一个视角**：以"孩子视角"理解孩子的学习行为与需求。
- **两个关键**：强化孩子的期待感，满足孩子的需求。
- **三条主线**：关注情绪、行为和认知三条主线，提升孩子的学习动力。

6. 全流程期待感管理

- **学习前**：通过激励为学习设定积极基调。
- **学习中**：提供自主空间，帮助孩子保持积极心态。
- **学习后**：通过反馈与容错机制激发孩子持续的学习动力。

7. 情绪、行为与认知的主线分析

- **管理情绪主线**：创造令孩子愉悦的学习环境，减少其负面情绪。
- **管理行为主线**：提供自主选择权，增强孩子的掌控感。
- **管理认知主线**：帮助孩子树立学习目标和正确认知。

　　学习动力的培养是多维度的，家长需要从需求满足、期待感，以及情绪、行为和认知三大主线入手，帮助孩子激发内在动力，保持学习热情并持续自我驱动。

第 2 章

重启学习的助推力：
家长如何助孩子学习一臂之力

启动学习的外在动力系统：
外在的力量

启动孩子学习的助推力

在孩子的学习过程中，外部助力有时是不可或缺的，其中最关键的外部力量是奖励。然而，如何使用这个外在的力量，家长往往感到困惑。我们需要深入探讨奖励的有效使用，帮助孩子启动和保持学习动力。

家长的困惑往往是如何通过奖励来帮助孩子启动学习。当孩子表现得很好时，是否应该奖励他们？如果该奖励，又该奖励什么呢？是物质奖励，比如一台新的手机；还是非物质奖励，比如表扬或者一次出游？

你是不是曾听过以下这些话？

- "妈妈，如果我考试考得好，你能给我买个新手机吗？"
- "妈妈，我完成了作业，我能玩半小时的游戏吗？"
- "爸爸，我完成了所有的作业，我们可以一起去玩游戏吗？"
- "爸爸妈妈，我今天表现得很好，我们可以一起去吃我最喜欢的冰激凌吗？"

另一方面，我们也经常因为不满意孩子的学习，而这样"威胁"孩子。

- "你这次考试没考好，这个周末你不能玩游戏。"
- "你没有完成作业，所以今晚不能看电视。"
- "你今天的表现不好，所以不可以吃零食。"

家长们的困惑和痛点可以归结为一个核心问题：如何借助外在的助推力，让孩子的学习动力得以启动或改变？

分享一个例子，让大家理解家长应该如何为孩子提供一臂之力。设想一下，你的汽车陷入了一个泥坑。仅仅依靠汽车自身的动力，很可能无法摆脱困境。但是如果周围的人合力推车，有经验的人或许还会在车轮下垫木板或其他物品，情况就会大不一样。借助这些外在因素和人力，车从泥坑中出来的概率才更大。

同样地，在孩子的学习过程中，他们可能会遇到各种"泥坑"：考试失利、与朋友闹别扭、被老师批评，或者家长误会孩子等。这些困境可能让孩子陷在困境泥坑中，觉得自己无法前进。在这种情况下，外在的助推力就像是帮助汽车摆脱泥坑的"推力"和"木板"，它可以提供关键的动力，让孩子重新找回学习的方向。

在孩子的学习道路上,如何恰当地运用助推力

在孩子的学习中使用外在的助推力,有三个要点需要注意。

- **何时需要帮助**:不是所有情况下孩子都需要外界的帮助,有时候他们需要的是自己摸索和体验。
- **选择合适的方式和时机**:面对不同的孩子、不同的情境时,需要不同的处理方式。
- **注意力度和后果**:过度的奖励也可能带来不良影响。

通过合理的助推,家长可以有效地帮助孩子克服学习中的困难,增强他们的学习动力,并培养他们的**自律性和责任感**。重要的是,家长在这个过程中要保持**耐心和细心**,关注孩子的感受和反应,及时调整策略,以达到最佳的教育效果。

理解这些要点之后,你可能对自己需要采用的教育手段有了新的认识。但是你可能还会有一些困惑:那我到底应该怎么做,可以有效发挥出这种助推力的威力呢?

其实这涉及如何用好奖励方法,从而更好地促进孩子的学习动力。我们将谈谈奖励方法如何设置。

助推力:奖励作为孩子的学习引擎

家长在激励孩子学习方面起着至关重要的作用。那么,如何通过奖励孩子,激发他们的学习动力,使其学习行为更符合家长的预期?家长最关心两个问题:一是如何奖励孩子使其学得更好;二是如何在奖励孩子的过程中避免他们产生依赖,避免让奖励成为学习的唯一动力。

我想分享一个非常有趣的例子,这是我之前协助一个家长提

升孩子学习动力的经历，通过这个例子，给大家讲明白外在动力建设的基本思路。

1. 突破常规：刺激学习动力的新方法

有一次，一个企业家家长向我求助，他的孩子即将高三，但完全不愿意学习，家长对此感到非常困惑和无奈。我询问了家长一些关于孩子的问题，比如孩子的爱好，家长说孩子喜欢赚钱，如果给他钱，他愿意做任何家务活。于是，我建议家长回家与孩子进行一次谈话，然后正式"聘用"孩子作为"家庭首席学习官"，月薪1500元，但须设定详细的考核指标和绩效奖励。家长还与孩子正式签订了一份学习协议。

这个家长最初对我的建议持怀疑态度，他担心这样做会让孩子完全依赖外在动力学习，而忽视自身的内在动力。他也认为，从中国家长的文化观念来看，用钱买孩子的学习行为似乎是不可接受的。

（1）思考：起效优先与现实考虑

我给出这个建议时，考虑了两个方面。首先，我当然知道孩子的内在学习动力是非常重要的，但如果孩子完全不愿学习，完全缺乏内在动力，那么我们可以尝试用外在动力启动他的学习状态。只要这个外在条件不违背法律和道德，即使家长觉得不太好接受，比如学习时给孩子一些钱，学完后让孩子玩游戏，或者根据学习成绩给孩子买礼物，也都是可以酌情考虑的。因为在启动孩子的学习状态和学习行为的初期，最重要的是让他们开始行动。这就是我常说的"动机、动机，行动起来才有机会"，意思是开始行动，才有机会成功。

其次，我之所以建议这个家长用钱激励孩子的学习，是因为孩子已经高三，时间非常紧迫，我们没有太多时间去思考如何激发孩子的内在动力。而且，这个家庭的经济条件很好，有给钱的资本。所以，在综合考虑了所有因素后，我给出了这个建议。

（2）效果：外在动力带动内在动力

这个家长回去后，和孩子进行了一番谈话，孩子开始对学习有了一些兴趣，也开始按照学习协议上的内容进行学习。一个月后，这个家长找到我，说孩子的学习状态已经有了很大的改善，尽管他还不能完全投入学习，但已经比之前好了很多。

这个例子告诉我们，尽管内在动力是非常重要的，但当内在动力完全缺乏的时候，适当的外在动力是可以激活孩子的学习状态的。而且，一旦孩子开始学习，内在动力也会逐渐产生。

（3）总结：外在动力与内在动力的平衡

通过这个案例，我们可以看到，外在动力在某些情况下可以作为启动孩子学习动力的有效手段。在使用外在动力时，家长需要关注以下几点。

- **目标明确**：设定清晰的目标和考核标准，让孩子明确知道努力的方向。
- **及时反馈**：在孩子完成任务后，给予及时的奖励或反馈，帮助孩子建立正向循环。
- **适时调整**：根据孩子的进步和反馈，适时调整奖励方式，逐步引导孩子从外在动力向内在动力转变。
- **关注内在动力**：在使用外在动力的同时，家长应关注孩子的兴趣和内在需求，帮助他们找到学习的内在动力。

通过以上方法，家长可以在孩子缺乏学习动力时，巧妙地运用外在动力启动学习行为，并逐步培养和激发孩子的内在动力，使其成为长期的学习动力源泉。

2. 使用外在奖励的注意事项

家长通过奖励来鼓励孩子的学习动力，需要注意以下几点。

- **奖励的适当性**：奖励需要与孩子的努力和成就相匹配，不能过度也不能不足。
- **奖励的多样性**：奖励不应仅限于物质奖励，还可以包括表扬、鼓励、额外的活动时间等。
- **奖励的及时性**：及时的奖励可以更好地强化孩子的积极行为，使他们感到努力得到了认可和回报。
- **奖励的透明度**：孩子需要清楚了解哪些行为可以获得奖励，以及奖励的具体形式和标准。

如何正确奖励孩子

为了更有效地奖励孩子，我提出了一套技术，叫作"**EPUI技术**"。"EPUI"技术包括4个原则："E"即"emotion"，指情绪化奖励原则；"P"即"process"，指过程化奖励原则；"U"即"uncertainty"，指不确定性奖励原则；"I"即"internalization"，指内化奖励原则。这是一套旨在帮助家长更有效地奖励孩子的指导技术。

在奖励孩子时，可以采用EPUI技术来合理地激发孩子的学习动力。

情绪化奖励原则

培养孩子对目标和奖励的内心渴望是第一步。无论孩子的初衷是什么，我们都要支持他们，并用奖励激发他们的积极情绪。

奖励要能够触发孩子的积极情绪，这样才能激发他们的行动力和学习动力。这意味着，奖励不仅要符合孩子的需求，还要带来一定的惊喜。可以用以下等式来说明这一原则：

奖励 = 符合孩子需求 + 惊喜

例如，有一个家长发现孩子喜欢绘画，于是家长将奖励与绘画相关联。孩子完成学习任务后，会收到与绘画相关的奖励，如颜料或绘画书。这样的奖励触动了孩子的积极情绪，激发了他对学习的热情。

过程化奖励原则

我们要让奖励的期待覆盖学习的全过程。给孩子的奖励要与学习过程紧密绑定在一起，我们要泛化孩子对奖励的兴趣，覆盖到学习全过程。即使孩子对学习没兴趣，但对学习的奖励很有兴趣，我们也可以利用这一点。让孩子对奖励的期待从他们学习之初就开始，然后在学习过程中让孩子看到希望，从而使孩子能够坚持努力学习，并在孩子学习结束后立即给予奖励，以强化学习行为。

另外，家长需要重新定义孩子学习的结果。很多时候，家长倾向于将奖励与学习的结果绑定，而忽视了学习的过程。比如，有一个初二的孩子对英语学习有抵触情绪，因为他认为无论多么努力，成绩都不会改善。他的家长重新定义了学习的结果，暂时不看孩子的成绩，只看他每天大声朗读英语 1 小时的完成情况这一量化指标，并给予奖励。这样，孩子逐渐发现朗读提高了他的英语水平，信心得到了增强，也更愿意投入到学习中。

不确定性奖励原则

1. 丰富奖励的类别

奖励可以是物质的,也可以是精神上的。我们要确保孩子的每次学习行为都可以获得奖励,但具体的奖励是什么可以留一些不确定性。让奖励制造出"方向确定性"但"内容不确定性"。

2. 方向确定性,内容不确定性

需要让孩子明白:学习肯定会带来奖励,这是"方向确定性"。同时,对奖励的内容保持一些不确定性,可以增加孩子的期待和刺激感。例如,一个家长制定了一份奖励清单,列出了所有可能的奖励,但没有告诉孩子具体会得到哪个奖励。这样,孩子每完成一项任务都会对可能得到的奖励充满期待,从而激发他们的学习动力。

内化奖励原则

让奖励成为促进亲子关系的机会,也要让奖励成为亲子交流的机会。孩子需要的不仅仅是昂贵的奖励,更重要的是他们的努力被认同、被看见、被肯定。许多家长担心靠奖励激发孩子学习会导致依赖性。为了避免这个问题,奖励过程应成为家长和孩子交流学习和感情的机会。例如,一个家长在孩子努力学习后,提议一起看孩子最喜欢的动画片,并表达对孩子努力的认可。这样的做法不仅强化了学习行为,还促进了亲子关系。

总结

通过 EPUI 技术,家长可以更有效地设置奖励,激发孩子的学习动力。同时,家长需要平衡外在动力和内在动力,帮助孩子找到学习的乐趣和成就感,从而实现长期的学习动力提升。

如何将外部奖励的助推力
转化为孩子自觉学习的内在动力

如何帮助孩子将对其学习的奖励，转化成孩子自觉学习的内在动力呢？关键在于奖励要激活孩子的需求，以及自我对学习的掌控感。**你可以从以下三个方面去尝试努力。**

- 首先使用奖励来刺激孩子完成学习任务，之后孩子将逐渐地转为对学习任务本身有兴趣。
- 将奖励的获得归因为孩子特别努力，强化孩子对自己学习的掌控感。
- 将奖励的发生与孩子的内在目标和主动学习相结合，让孩子认同自己是奖励的发起者与主人。

本章总结

1. **家长的困惑**
   - 如何通过奖励帮助孩子启动学习?
   - 该如何奖励孩子?是物质奖励还是非物质奖励?

2. **外在助推力的作用**
   - **助推力**:像汽车要从泥坑中脱困一样,外在的帮助能够给孩子提供学习的动力,让他们从困境中走出来。

3. **如何恰当运用助推力**
   - **何时需要帮助**:并非每个时刻都需要外部的助推力,有时孩子需要独立摸索。
   - **选择合适的方式和时机**:面对不同的孩子、情境时,需要不同的处理方式。
   - **注意力度与后果**:过度的奖励可能会适得其反,须根据孩子的反应调整。

4. **突破常规:刺激学习动力的新方法**
   - **设立"家庭首席学习官"**:用奖励激励孩子的学习,特别是在孩子缺乏内在动力时。
   - **外在奖励促进内在动力**:外在奖励有助于启动学习行为,并且一旦开始,内在动力有可能逐步产生。

5. 外在动力与内在动力的平衡

- **目标明确**：设定清晰目标和考核标准，让孩子明确努力的方向。
- **及时反馈**：在孩子完成任务后，给予及时的奖励或反馈，帮助他们建立正向循环。
- **适时调整**：根据孩子的进展调整奖励方式，帮助孩子从外在动力向内在动力过渡。
- **关注内在动力**：家长应帮助孩子找到他们学习的内在动力。

6. 使用外在奖励的注意事项

- **奖励的适当性**：奖励应与孩子的努力和成就相匹配。
- **奖励的多样性**：奖励形式应多样化，包括物质、表扬、鼓励额外活动时间等。
- **奖励的及时性**：及时奖励能够强化积极行为。
- **奖励的透明度**：确保孩子清楚了解什么行为能获得奖励。

7. 如何正确奖励孩子：EPUI 技术

- **情绪化奖励原则**：奖励须激发孩子的积极情绪，满足孩子需求并带来惊喜。
- **过程化奖励原则**：奖励要覆盖学习全过程，学习与奖励要紧密结合。
- **不确定性奖励原则**：奖励的内容保持一定的不确定性，激发孩子的期待感。
- **内化奖励原则**：奖励不仅限于物质，也可是精神上的认可，以促进亲子关系。

8. 将外部奖励的助推力转化为内在动力的策略

- **将奖励与学习任务兴趣挂钩**：通过奖励让孩子逐渐形成对任务本身的兴趣。
- **强化自我掌控感**：将奖励归因于孩子的努力，增强孩子对学习的掌控感。
- **结合内在目标**：让奖励与孩子的内在目标、主动学习相结合，提升其自觉性。

通过这些策略，家长可以在孩子缺乏学习动力时，运用外部奖励有效启动学习行为，并逐步引导孩子将外在动力转化为内在动力，从而提高孩子的学习主动性和自觉性。

第 3 章

克服学习过程中的阻力

想象一下以下两个场景。一个聪明的小孩,一直都是班上的优等生,突然间开始对学习失去兴趣,成绩开始下滑。或者,一个平时乐观开朗的孩子,突然变得沮丧、焦虑,不愿意参与家庭或学校的活动。这些突变让家长们不知所措,会感到疑惑,"我做错了什么""是不是我没有给他足够的支持"或者"他是不是遇到了什么问题"。这些疑惑让家长们深感无力。

我们都是在摸索中成长的,不仅是孩子,也包括家长。在这个过程中,我们常常可以看到孩子付出努力,但效果却并不显著;或者看到孩子明明有能力,却总是不愿意去尝试。**面对这样的情况,我们可能会觉得迷茫,不知道问题出在哪里,也不知道该如何解决。**

为什么我们需要关注学习的阻力

一辆前进的车辆，前进的速度取决于车辆自身的动力、外部的推力以及前进过程中的阻力。这正如孩子的学习过程，车辆自身的动力就如我们在第 1 章中讲的孩子自身的内驱力，如果内在动力不足，就需要有外部助推力的协助，如我们在第 2 章中讲的奖励。而在内在动力与外部助推力之外，决定孩子求学之路的发展速度的关键就是学习过程中的阻力。

有一些看不见的阻力正在影响着孩子的学习。有时候可以把孩子在学习中遇到的阻力比喻成一面"看不见的墙"，让孩子感到无法突破；也可能是学习过程中"多余的负重"，让孩子感到压力如山一般大；也可能是奔跑时"鞋子里的小石子"，让孩子在前进的道路上感到疼痛。这些阻力可能是外在的，也可能是内在的。它们可能是课堂环境，可能是家长的期望，也可能是孩子自己的心态。

这些阻力不仅会影响孩子的学习动力，破坏学习效率，影响学习结果，还会极大消耗家长的助力，影响家长教育孩子的效率。而更为重要的是，这些阻力是前行中的负重，是对当下的糟糕体验，这些都会严重影响学习过程。

学习中的阻力是什么，回到车辆前行这个例子，就非常好理解。车辆前行过程中的阻力包括车辆的负重程度、路况因素，还有车辆的运行摩擦阻力。我们借助对车辆前行中的阻力因素的理解，对学习之路的阻力进行了解构。

- **压力（pressure）**：学习过程中孩子承担的压力状况就像车辆的负重。
- **体验（experience）**：学习过程中孩子的内耗就像车辆的内部摩擦阻力，体验不好会严重影响学习效率。

将这两个维度整合在一起，可以构建学习阻力的 **PE 模型**，从压力（pressure）、体验（experience）这两个方面入手，可以很好地理解孩子们学习过程中遇到的阻力，以及家长应该如何去帮助孩子克服学习过程中的阻力。

学习阻力的 PE 模型之压力

"现在的孩子，学习的压力太大了！"这是很多家长的感叹。每年我们都会接到大量因学习压力而厌学，甚至患上心理疾病的孩子的求助。看着这些因为学习压力而愁眉苦脸的孩子，我有时候会感叹，"少年不知愁滋味"早已成了一个伪命题。

学习压力是看不见、摸不着的，但它会像一个极重的背包压在孩子身上，让孩子背负着如此沉重的负担去学习与生活，是非常辛苦的。如果我们把孩子的求学之路看成是一次旅行，最初的时候孩子没有任何负重，即使目的地稍远，孩子也能轻松愉快、信心满满地走向目的地。然而，随着旅途的进行，我们开始逐渐给孩子增加负担：先是一个行李箱，接着是一个背包，然后又是一个手袋。随着负担的逐渐增加，孩子的步伐变得越来越沉重。到了一定时候，孩子已经走得非常慢，甚至停下了。他抬头看着你，眼中充满了期待。他期望你能给他一些安慰，或者鼓励，告诉他你理解他的艰辛，看到了他的努力，明白他已经筋疲力尽。但是你却走到孩子的身边，没有说一句话，而是拿出一对铅球说："这个你得带上，到了目的地你可以用它来锻炼身体。"这时候孩子会彻底崩溃，他不想再去任何目的地，只想躺在原地，不想理任何人，不想说任何话。这就是孩子在学习过程中的真实写照。

很多孩子的学习负担本来就很重,但在学习过程中,还会不断加入新的压力,甚至会背负上一些不必要的压力,最终在没有走到学习的终点之前,就已经在途中崩溃倒下。

压力管理家长指南

帮助孩子轻装上阵,解决学习过程中的压力问题,家长需要基于影响孩子学习的负面压力来进行管理。关于孩子的学习压力管理,有一套成熟的流程可以有效地解决孩子的学习压力问题。

家长需要从压力源头管理、压力过程疏导,以及压力冲击缓解这三个环节来加强管理。

1. 压力源头管理

我们可以用本章开头的例子来说明如何管理压力源头。在孩子的成长过程中,他们肩负的重量会越来越重。实际上,压力源头管理就是管理孩子在学习过程中承受的各种压力源。在压力源头管理这方面,家长需要发挥三个方面的作用。

(1)知道压力来源

列举影响孩子学习的所有压力,了解每种压力的严重程度(如表3-1所示),并分类整理,追溯其来源。

表3-1 孩子学习压力预警工具表(家长版)

序号	压力源	是(得分)	否(得分)
1	学习任务或作业量太大	2	0
2	与同学发生争吵或矛盾	1	0
3	考试成绩低于预期	2	0
4	上课内容难以听懂	1	0

(续)

序号	压力源	是（得分）	否（得分）
5	参与课外活动的时间不足	1	0
6	与家长发生争吵或关系紧张	2	0
7	亲人生病等重大事件	3	0
8	被老师批评或误会	2	0
9	生病或身体健康出现问题	3	0
10	家庭经济状况突然变差或孩子丢失财物	2	0

说明：此工具表旨在帮助家长识别并评估孩子在学习及其他方面的压力源。每个条目都是一个可能的压力源，请根据孩子过去两周的情况，回答"是"或"否"。如果答案是"是"，请记下相应的分数。将所有得分相加，即可得到总分。

评分细则如下。

0～3分：压力水平较低。这说明孩子目前的学习压力是可控的。建议持续关注，继续加强正面的激励和支持。

4～7分：压力水平适中。这表明孩子可能正在经历一定程度的学习压力。建议与孩子沟通，了解他们的具体情况，并采取相应的措施，如调整学习计划，给予更多的支持和鼓励。

8～10分：压力水平较高。这表明孩子目前正面临较大的学习压力。建议积极与孩子沟通，了解他们的困难和顾虑，并一起制订解决方案。可能需要专业人士的帮助，不要对寻求咨询犹豫。

（2）减少压力源：建立压力过滤网

帮助孩子减轻学习过程中的压力不仅仅要识别压力源，更要分析这些压力，识别出哪些是必须面对的，哪些是可以缓解或避免的。这就要建立一个"压力过滤网"。压力过滤网的目的是在孩子开始学习之前，就把那些非必要的心理负担提前过滤掉，让孩子真正能够做到轻装上阵，聚焦学习任务本身。

首先，家长与孩子坐下来，一起用一张空白的纸，商量着把孩子目前学习过程中遇到的各种影响学习的压力、事件与困难都写下来。

然后，针对每一种压力，从以下几个方面进行分析。

- **严重程度**：这个压力对孩子的影响有多大？它会影响孩子的心情、精力、学习效率等吗？
- **紧急程度**：这个压力需要立即消除吗？还是可以等到一个更适合的时候再消除？
- **与学习的关联程度**：这个压力直接影响孩子的学习吗？比如，是否影响孩子的考试、作业、课堂表现等？
- **是否有替代方案**：这个压力的发生是不是必然的，有没有可能有其他方案？例如，孩子觉得熬夜写作业的压力很大，是否有替代方案？这需要家长与孩子一起商量讨论。有些压力只要有替代方案，就可能找到解决策略。
- **解决策略**：对于这个压力，我们可以采取什么措施从源头来减轻它对学习的影响？或直接消除它？

表 3-2 提供了一个例子，阅读完表 3-2 后，家长可以仿照表 3-2，在表 3-3 中根据自己孩子的实际情况填写。

表 3-2 压力过滤网工具表（举例）

压力源	严重程度 (1～5)	紧急程度 (1～5)	与学习关联程度 (1～5)	是否有替代方案 (是/否)	解决策略
学习任务过多	4	3	5	是	**理解与应对**：学习任务过多对孩子的整体影响较大，可能导致疲劳和对学习的抵触情绪。虽然紧急程度不算最高，但长期来看需要尽快处理，以防止累积效应。**具体策略如下**。①**优先排序**：帮助孩子梳理每日的学习任务，明确重点和次要任务，优先完成重要任务，适当简化或延后次要任务。②**时间管理**：教会孩子制订每日或每周的学习计划，合理分配学习和休息时间，避免过度疲劳。③**提高效率**：针对性地提升学习效率，如使用番茄钟学习法等时间管理工具，集中精力完成任务。④**寻求帮助**：如果孩子在某些科目上感到困难，可以考虑补习或使用在线资源，帮助孩子更快理解和完成作业。

表3-3 压力过滤网工具表

压力源	严重程度（1～5）	紧急程度（1～5）	与学习关联程度（1～5）	是否有替代方案（是/否）	解决策略

（3）预警压力风险

家长需要做到：知道孩子的压力承受临界点，了解哪些压力可能会给孩子带来学习问题和使其崩溃，对孩子的抗压情况随时监测、及时预警。例如，如果知道孩子的某一科目的学习状态不佳，就要和孩子沟通，了解孩子的真实想法。有时候，孩子的抗压能力远超我们的想象，他们可能只是暂时遇到困难，需要家长的支持和鼓励。

在这个环节，家长要注意以下几个方面。

①认识孩子的压力崩溃临界点

了解孩子在不同方面的压力承受能力，例如学习、人际关系、自我管理等。家长要学会判断孩子压力承受能力的崩溃临界点的信号，崩溃临界点就是孩子的身心健康以及社会功能出现问题的那个转折点。如果孩子已经出现学习效率下降、情绪状态波动、行为或者心态与之前相比有明显变化的情况，家长就要重视，因为孩子可能已经到了崩溃的临界点了。处于崩溃临界点的孩子已经拼尽全力，他们目前不能再承担更多压力了。

②确定可能导致崩溃的具体风险

分析孩子所面对的各种压力，确定哪些压力可能会导致孩子的学习或情绪崩溃。比如，某一科目的考试成绩不佳，可能会让孩子产生巨大的挫败感，进而影响其他科目的学习状态。家长需要了解孩子面对这些压力时的表现，及时介入，帮助孩子找到缓解压力的方法。

③**随时监测孩子的情绪与行为变化**

家长应随时关注孩子的情绪变化，了解他们是否因为压力而感到焦虑、抑郁或烦躁。这些提示能帮助家长在孩子面对重大压力时，及时介入，提供适当的支持和引导。具体来说，家长可以注意以下几点。

- **观察学习态度**：孩子是否对学习产生了厌倦或抵触情绪，是否出现了拖延或逃避学习的行为？
- **注意情绪波动**：孩子是否变得情绪化，是否频繁发脾气或情绪低落？
- **关注身体反应**：孩子是否出现了失眠、食欲不振、头痛或其他身体不适的症状？
- **倾听孩子的心声**：主动与孩子沟通，了解他们的内心想法和感受，给予他们充分的关注和支持。

通过这些观察和沟通，家长可以更好地了解孩子的压力状况，及时采取措施，帮助孩子缓解压力，避免压力过大导致的学习停滞和情绪崩溃。

2. 压力过程疏导

生活与学习过程充满了挑战，因此有时候某些压力是不可避免的。但在面对这些压力的过程中，如果我们学会适当的应对和疏导方法，可以极大地减轻压力可能带来的负面影响，甚至帮助孩子将压力转化为学习动力。

当一些不可避免的压力进入了孩子的学习，家长能做的就是合理地疏导，以减轻压力的影响。疏导的过程有一个完整的流程。我将这种疏导比作台风登陆后各地采取的应对措施。两者其实是非常相似的。因为台风的登陆是不可避免的，所以在台风登陆后，采取有效措施可以极大地降低台风对人们的影响。

学习过程中遇到的压力也是同理，这与人们抵御台风的影响非常相似。疏导压力有三大目标。

（1）减少与压力的正面冲突

就像台风来临之前，通常会有台风预警，人们会提前做好出行等方面的准备，以避免不必要的损失。学习过程也是如此。例如，如果一次重要的考试没有考好，就像遭遇一次台风一样，会让孩子的学习过程变得混乱。因此，首先要有预警，提前告知孩子这次考试没有考好可能造成的影响。这样，一些可以预见的事情，例如心情不好可能导致与同学或家长产生冲突，就可以提前避免。通过预警，许多不必要的损失可以避免，从而减少与类似"考试没考好"这样的事件的正面冲突。

（2）对待压力应有预案

在抵抗台风的过程中，如果各种预案都是非常成熟的，那么就可以确保各项工作有条不紊地进行。同样，消防员灭火等紧急情况也需要事先有预案，这样可以保证在真正面对这些压力问题时，人们能够妥善处理。因此，我们可以梳理孩子在学习过程中面临的常见压力源，并给出相应的处理预案。事实上，儿童或青少年因为年龄较小，面临的问题相对更为单纯、简单，所以针对大部分孩子面临的压力其实都可以有成形的预案。例如与好朋友闹矛盾、考试没考好、被老师批评等，家长对这些问题其实都可以做出成熟的预案。

我们需要了解的一个重要知识点是，压力对学习的影响中，一个重要的方面是它的突然性和出乎预料的性质，这会打断孩子的学习节奏和思路，从而产生严重的影响。这其实是因为孩子们缺乏生活经验，对很多常见的压力和困难缺乏准备。因此，家长需要在日常教育中，多对类似问题进行"消防演习"，这样孩子们对常见问题就会有预期，处理压力就会有预案。

（3）训练孩子养成聚焦尽快摆脱压力的习惯

同样是淋雨，有人在埋怨天气，而有人已经开始找地方避雨。其实就像学习中遇到的各种困难与压力一样，家长要训练孩子学会快速摆脱压力。

当孩子在学习过程中遇到压力时，如果无法避免，那么他们是选择长时间沉浸在压力的痛苦中，还是找方法尽快摆脱压力的干扰？这两种选择会导致完全不同的结果。通常，孩子遇到学习中的压力事件会有两种习惯性的反应方式。第一种是无法自拔地沉浸在压力事件中，比如，孩子在一次考试前发现自己的笔记本丢了，因此变得非常慌张、不知所措，结果考试没考好。这对孩子接下来的学习确实是一种压力，但如果他们长期纠结于为什么笔记本会丢，以及要是笔记本不丢，自己就能更好地复习，就不会考砸，那么就会陷入一个思维的螺旋深渊，最终迷失了前进的方向。第二种反应方式是专注于解决问题，快速摆脱压力源的影响。例如，在一次考试中，因为审题不仔细，孩子在一个原本可以得分的题目上丢了分。这确实是一种压力，但事情已经发生了，而且接下来还有考试，因此这个时候需要放下已有的损失，集中精力准备接下来的考试。帮助孩子培养第二种心态能让孩子在遭遇压力的情况下，将压力对自己造成的影响降到最低。

3. 压力冲击缓解

压力在某些情况下是不可避免的，例如学习过程中的竞争。

我经常遇到一些家长带着孩子找我求助，比如一个孩子刚转到一所非常好的初中，转学之前总是班级前 3 名，但在新环境中也有很多优秀的同学，期中考试一下子排到了 20 多名，这让孩子感到巨大的压力，无法接受这样的结果。

孩子上学必然要与其他同学打交道，有时候人际关系等问题难免会出现，特别是青春期的孩子之间更容易出现各种冲突，这些都会给孩子带来压力。而现如今，学习的难度和任务量都很大，因此在学习和成长的道路上，压力有时是不可避免的。当孩子遇到压力时，家长需要一些策略来帮助孩子缓解压力带来的冲击。这里我想推荐两个可以缓解压力影响的心理技术："压力灭火器"和"压力保险箱"技术。

（1）第一个心理技术：压力灭火器

当孩子遇到一些小压力和烦恼，或者遇到一些不知道如何处理的问题和困难时，家长应该能够帮助孩子"灭火"，需要拿出"压力灭火器"。例如，孩子回家时情绪低落、不想学习，当你询问原因后得知孩子和自己的好朋友闹矛盾了。这样的问题就像一个小火苗，如果你不帮助孩子解决，问题会继续发展，最终肯定会严重影响孩子的学习。因此，对于这样的问题，你应该一次性帮助孩子完全解决。这就是我所说的压力灭火器，特别适合具体的问题，这类问题的边界很清晰、内容不复杂，家长的介入可以快速有效地解决问题。实际上，这样的灭火器也会让孩子逐渐认可和喜欢家长，因为每次遇到困难时，家长都能给予他最大的支持，帮助他灭掉那些烦恼的小火苗。

（2）第二个心理技术：压力保险箱

这个技术强调有些压力可能家长无法解决，或者不适合家长介入解决，但家长可以提供情感支持和保守秘密。许多时候,孩子实际上可以自行解决这些问题,有些压力即使无法解决,但如果孩子能够恢复到正常状态,这些压力也不会影响孩子的学习。很多时候,孩子需要的是情感支持,他们不知道应该向谁倾诉,不知道谁能理解和支持自己。因此,如果家长能够掌握压力保险箱技术,就可以很好地帮助孩子面对学习中的各种压力。

压力保险箱技术的核心是安全感。例如,孩子担心期中考试没办法考好,担心考砸了会被老师批评。这个压力已经影响到孩子的学习状态了,这时候你就可以采用压力保险箱技术,即让孩子相信无论他对你说什么,都不会受到伤害,也不会给自己带来麻烦。你是他最好的倾诉对象,向你倾诉是安全的。如果你能做到这一点,即使你完全不知道如何解决这个问题,你对孩子处理这些压力也起到了非常重要的作用。其次是保密性,你需要保护孩子告诉你的所有信息,包括孩子的抱怨、观点和想法,还要能够倾听而不评判,除非孩子特别愿意听你的意见。你可以这样跟孩子说:"妈妈特别高兴你能够信任妈妈,把这些考试的顾虑跟我说了。妈妈确实也没有太多好的办法能够帮助你消除这个压力,我想咱们是不是可以把你的顾虑先全部写下来,然后我们一起把这个压力放入咱们的压力保险箱,等考试完毕之后,我们再一起拿出来商量解决方法。"

在这里要注意的是,我们讨论的是压力保险箱技术,而不是灭火器技术。灭火器技术需要干预,保险箱技术则是让孩子放心地将他内心深处、真实的信息和想法交给你。有了这个过程,即使孩子遇到了极大的压力,也会感到情感上的支持。这对于孩子解决压力问题是非常有意义的。

学习阻力的 PE 模型之体验

在中国,我们常说"学海无涯苦作舟",意指在漫长的学习旅程中,只有勇于承受困苦,才能扬帆远航,最终取得胜利。然而,从心理学的角度来看,如果学习的过程长期充满困苦,实际上会损害孩子的学习动力。想象一下,我们参加马拉松比赛,如果鞋里有一颗小石子,虽然初始时只是轻微的不适,但这种长期的不愉快体验,最终会严重影响我们完成比赛的决心。

这正是学习过程中的另一个重要障碍:**糟糕的体验**。糟糕的学习体验如同鞋中的小石子,会在漫长的学习过程中,给孩子带来持续的痛苦。如今,孩子厌学成了一个普遍的问题,对学习的反感和糟糕的体验,已经成为孩子学习的一个巨大的障碍。

许多家长对孩子的学习体验存在许多误解。首先,家长总是告诉孩子,学习是他们作为学生应该做的事情,但家长往往忽视了一个事实:即使是"应该做的事情",如果体验非常糟糕,孩子也可能拒绝做,或者不情愿做,甚至敷衍了事。这样,最终的效果会大打折扣。其次,很多家长认为别人家的孩子都可以愉快地学习,但实际上,大部分孩子在学习中,本质上并不直接产生快乐,因为学习本身很辛苦,大部分时候,学习的乐趣需要通过反馈获得。最后,一些家长认为学习本来就应该是苦的,没有苦哪有甜?其实,这种观点只是部分正确。学习确实辛苦,重点是孩子需要努力,但学习的过程不一定要有痛苦的体验。任何糟糕的体验都会降低孩子对学习的兴趣和动力。因此,我们可以接受"辛苦",但不应接受"痛苦",这是一种更加恰当的教育观念。

孩子对学习的体验是多层次的,而产生的厌学情绪也可以分解为几个主要的成分。了解这些成分不仅有助于我们理解孩子为什么会产生厌学情绪,同时也能为我们提供干预的目标。

深入探究孩子的糟糕学习体验

为了理解孩子从热爱学习到厌学的过程,我想以小明的故事为例,来说明糟糕学习体验的形成过程。

> **小明的故事**
>
> 小明小时候是个好奇心旺盛的孩子,对世界充满了探索的欲望。他喜欢放学后读书和做小实验,并且在小学阶段,他的数学成绩一直很好。有一次,他得了一个小奖,全班同学都羡慕他。然而,进入初中后,数学题变得复杂,小明发现自己开始跟不上。有一次,他努力准备数学测验,却考得不理想,这让他感到非常挫败。从那时起,小明对数学的信心逐渐丧失,每次遇到难题,总是想起那次失败的测验,内心充满绝望。
>
> 与此同时,小明的家长对他的学习期望很高。尽管他尽力完成作业,但家长总是挑剔他的错误,而不是肯定他的努力。这让小明感到失落,他逐渐对学习失去了兴趣。
>
> 有一天,小明的妈妈发现他在玩电子游戏,而不是做作业,她非常生气,责备他浪费时间。小明感到委屈,因为他觉得学习已经让他非常疲惫,玩游戏是为了放松一下。母亲的指责让他更加厌恶学习。
>
> 随着时间的推移,小明变得越来越消极,他对学习失去了热情,成绩也开始下滑。

分析小明糟糕学习体验的形成过程。我们可以通过一个等式来解释小明的学习困境。

糟糕的学习体验 = 糟糕的学习情绪 + 难以胜任的绝望感 + 糟糕的学习行为模式

这个等式包括了三个方面的原因。

1. 糟糕的学习情绪

小明在学习过程中经历了一些负面的情绪体验,例如考试不理想后感到挫败和受到家长的批评。这些情绪让他对学习产生了负面联想。

> 例如,小明在一次数学考试中得分不高,家长不仅没有给予安慰,反而责骂他没有努力。这让他对数学产生了恐惧,每次想到数学考试就感到紧张和有压力。

2. 难以胜任的绝望感

反复的失败经历让小明觉得自己不够聪明,无法胜任学习任务。他开始怀疑自己的能力,感到无助。

> 例如,尽管小明在数学测验前努力复习,但总是未能达到预期成绩。他渐渐感到自己不是学习这门课的料,对未来的考试和作业感到绝望和无力。

3. 糟糕的学习行为模式

小明开始对学习失去兴趣,每天只是机械地完成作业,没有了以前的热情和主动性。他的学习行为变得被动和消极。

> 例如，小明的作业虽然完成了，但每次交上去，家长和老师总是批评他没有做得更好。他开始认为无论自己怎么努力，都不会得到认可，于是对学习的积极性逐渐降低。

这些因素共同导致了小明从一个热爱学习的孩子变成了厌学的学生。这说明孩子的学习体验不仅仅取决于他们的能力和努力，还受到情绪、反馈、支持等多方面的影响。理解这些因素可以帮助家长和教师采取更有效的措施，改善孩子的学习体验，重新激发他们的学习兴趣。

掌控糟糕的学习情绪

"梅花香自苦寒来"，这句话传递了中国人自古以来的吃苦耐劳精神。我们鼓励勤奋，尤其对于我们的孩子。但是，我们也需要思考一个问题，如何在孩子投身于学习的同时，确保他们有良好的学习体验呢？家长需要明白如何干预孩子在学习过程中产生的糟糕情绪体验。

管理孩子学习中的糟糕情绪，其实有一套可以遵循的流程。

1. 将快乐与学习深度绑定

学习的过程往往是辛苦的，但我们可以将一些令人愉悦的事情与学习过程深度绑定。美食、家长的夸奖、有趣的活动、孩子的兴趣爱好等，都是可以带给孩子快乐的事情。如果我们能将这些快乐的元素与学习的过程和结果深度绑定，那么学习也能成为孩子的一个愉悦事件。

想象一下，旅游的过程中，真正令人愉快的时刻可能只是在欣赏美景时。但你是否注意到，在通往目的地的过程中，因为期待着看到美景，我们也会感到快乐。同理，家长可以将孩子特别感兴趣的事情与学习的过程和结果深度绑定，让它们成为一体。这样，孩子就能间接体验到学习的快乐。可以通过如下步骤进行，表3-4是这一过程的实例。

- 列出孩子的兴趣、爱好及特别快乐的事情。
- 设计如何将这些兴趣、爱好与学习过程自然结合。
- 规划具体的实施方案。

表3-4 绑定快乐与学习工具表

兴趣/爱好	绑定方式	实施方案
玩游戏	学习后奖励一定的游戏时间	完成作业后可玩30分钟游戏
吃美食	学习后一起制作喜欢的食物	每次考试后和孩子一起做他最喜欢的甜点
户外活动	在完成周末的学习计划后，安排户外活动	周末的学习计划完成后，进行一次家庭远足

2. 学习中的痛苦情绪隔离技术

学习的道路上总是避免不了一些困难和挫折。可能是不会做的题目，可能是考试成绩不理想，可能是和同伴的矛盾，或者是老师的批评，再或者是学习任务的沉重。所有这些都会引起孩子不愉快的情绪。然而，这些困扰都是孩子成长过程中不可避免的一部分，我们不需要因此而恐慌，因为每个人都会经历这些。家长需要掌握的一种技能是将这些痛苦的情绪局限化，避免它们扩散到其他事情和学习任务中。

将这些负面情绪集中在具体的事情上，可以将情绪和事情绑定在一起。在遇到负面压力事件时，产生一些负面情绪，其实是很正常的。因此，只需专注于解决这些具体的事情，负面情绪就会逐渐消失。家长需要警惕这些情绪从某件具体事情扩散到其他事情，甚至影响孩子的整体情绪。比如，很多家长没有受过专业的教育训练，尤其是没有接受过专门的学习过程的情绪管理训练，在陪伴孩子学习过程中容易情绪失控。

现在网上有很多关于家长陪孩子写作业情绪失控的段子，也流行"不写作业母慈子孝，一写作业鸡飞狗跳"的说法。这类现象确实是存在的，甚至一些家长因为孩子写作业的事情，气得扬言要跳楼、跳河，或者甚至突发心脑血管疾病。我为什么非常反对家长在辅导孩子过程当中发脾气，因为写作业的过程本身其实不会导致厌学，厌学最重要的原因其实是学习过程中衍生出来的糟糕体验。学习过程虽然不会直接让孩子产生快乐，但是学习本身也很难直接让孩子产生很大的厌恶。每一次孩子做作业时，家长对孩子的吼叫，最后都会转化成孩子对学习的厌恶。我把这种现象形象地称为"家长的吼叫是孩子厌学的肥料"。这就会使问题变得比较复杂，因为解决具体事情通常比解决人际关系更简单。

因此，家长需要帮助孩子具备隔离痛苦情绪以及将其定位到某个具体事件中的能力。孩子需要将这种痛苦情绪与该事件绑定，将其视为一个独立的、偶发的问题，而不是让其蔓延到自己的其他事务和生活中。

掌控难以胜任的绝望感

有时候我们在登山过程中，会产生放弃的想法，这是因为在我们拼尽全力之后,抬头一看,发现山顶仍然遥不可及,这一刻可能会感到绝望,从而放弃继续前行。孩子在学习过程中如果持续觉得学习任务超出了自己能力可控范围,孩子就会感到绝望。比如一直认为自己不是读书的料,自己没有办法可以变得更好,不可能完成这个任务,觉得自己脑子很笨,老师确实不喜欢自己。

绝望通常源自一种消极的认知观念或态度。在学习时感到绝望的孩子,通常具备拥有消极自我、覆盖全部、直到永远三个消极观念的特点。

- **消极自我**:他们认为自己无法改变,不可能变得更好。
- **覆盖全部**:他们觉得学习中的不良结果会波及生活的各个方面,影响他们的全面发展。
- **直到永远**:他们相信自己的学习情况永远不会有所改善。

因此,家长在管理孩子的绝望感时,可以从绝望观念本身的这三个特点出发,进行逐一的干预。

具体方法如下,还可见表3-5。

1. 分解目标

将孩子的学习目标分解为更小的、易于实现的目标。让孩子感受到每一个小目标的实现,从而增强他们的自信心。

例如,孩子觉得自己数学太差,无法提高。可以将目标分解为每天完成一定数量的数学题,每次提高一点儿,逐步积累信心。

2. 正向反馈

对孩子的每一个小进步都给予及时的肯定和鼓励,让他们感受到自己的努力是有价值的。

表3-5 孩子学习中的绝望感干预工具表

绝望观念成分	特点阐述	干预策略	案例
消极自我	孩子认为自己无法改变，不可能变得更好	①识别并挑战这个观念：与孩子一起回顾过去的成功经历，让孩子意识到他确实有能力改变和进步。②设定小目标：将大目标分解成小的、容易实现的目标，让孩子看到自己的进步，并逐步恢复信心	小明总是对数学感到绝望，他的妈妈和他一起回顾了过去他在其他方面的成功，例如学会了骑自行车，完成了一幅画。然后帮他将数学学习分解为一系列小目标，例如先完成10道题、20道题等
覆盖全部	孩子觉得学习中的不良结果会波及生活的各个方面，影响全面发展	①促进正向思考：帮助孩子认识到学习中的失败并不代表全面的失败，也不会影响他在其他方面的表现。②重塑价值观：和孩子一起探讨学习的意义，帮助他明白学习不是生活的全部，而是生活的一部分	小红因为考试不理想，觉得这会影响她的所有方面。她的爸爸妈妈列出了她在其他方面的成就，例如在舞蹈、绘画方面的表现，然后和她一起讨论了学习的真正意义
直到永远	孩子相信自己的学习情况永远不会有所改善	①促进现实检验："永远"是一个极端的词，通过实例让他看到改变是可能的。②提供支持和鼓励：给予孩子足够的支持和鼓励，让他知道家人始终相信他的能力	小李因为连续几次考试不理想，觉得自己永远不会变得更好。他的家长通过其他人的例子，例如亲戚、朋友的成功故事，让他看到改变是可能的，同时给予他足够的支持和鼓励

例如，孩子在一次小测验中取得了进步，可以给予表扬，并告诉他们这种进步是他们努力的结果。

3. 引导积极的自我对话

教导孩子如何进行积极的自我对话，替换消极的自我评价。例如，将"我永远学不会"替换为"我可以通过努力学会"。

例如，孩子觉得自己永远无法学好英语，可以引导他们思考之前成功学会的其他技能，来增强信心。

4. 建立支持系统

鼓励孩子与同学、老师和家长建立良好的支持系统，让他们知道自己并不孤单，有很多人愿意帮助他们。

例如，鼓励孩子参加学习小组，与同学一起讨论问题，互相帮助。

通过这些方法，家长可以有效地帮助孩子管理学习中的绝望感，让他们重新找到希望和信心，逐步提升学习动力。

掌控糟糕的学习行为模式

当孩子面临学习的挑战时，往往会遭遇一系列令人沮丧的反馈。例如，他们可能会发现作业很难做对，得到家长的负面评价，成绩不如预期，或者在学习结束后没有得到期待中的奖励或鼓励。此外，孩子长时间被迫接受老师和家长的学习安排，而无法进行自主学习，也会加重对学习的厌恶情绪。所有这些负面的反馈，都是孩子产生厌学情绪的重要因素。

在孩子的学习经历中，缺乏掌控感是一个常见的不良体验。我们经常会听到抱怨，说孩子缺乏学习的主动性和自觉性。但我们需要反思，我们是否真的给了孩子自主学习的机会？如果孩子的所有学习行为都像被操纵的木偶的动作一样被动，那么他们确实无法获得任何积极的学习体验。

在管理孩子的学习行为时，家长应注意以下两个重点：一是增强掌控感，二是提供积极的反馈。

1. 增强掌控感

强化掌控感能让孩子感到可以掌握学习的主动权，从而产生积极的学习体验。失控对孩子的学习有很大的影响。有时候，孩子可能非常努力学习，但成绩却一直不见提升，这会让孩子产生强烈的失控感。这种情绪会让孩子对学习产生恐惧，因为他们不知道该怎么努力才能取得进步，逐渐可能会对学习失去兴趣。因此，家长需要始终培养孩子对学习目标的掌控感，让他们明白，通过努力，他们可以变得更好。

家长可以通过以下方式提升孩子对学习的掌控感和自信心。

当孩子遇到学习上的困难时，家长可以说：

- "记住，每个人都是从不会到会的，所以不要放弃。"
- "我看到你在努力，这是最重要的。"
- "每天都在进步，继续保持！"

当孩子感到不自信时，家长可以说：

- "我知道这个任务很难，但我相信你可以完成它。"
- "你已经做得很好了，继续努力！"
- "今天你做得很棒，我很骄傲。"

当孩子害怕犯错误时，家长可以说：

- "不要担心犯错误，最重要的是从中学习。"
- "我知道这可能不是你的最佳表现，但是这是一个学习的机会。"

- "失败不是最终的,它只是告诉我们哪里需要改进。"

当孩子遇到挑战时,家长可以说:

- "不要害怕挑战,你已足够强大,能去面对它们。"
- "每个问题都有解决方案,如果一个方法不起作用,我们可以尝试另一个。"
- "记住,我们不能控制所有事情,但我们可以控制我们的态度和努力。"

当孩子担心与他人比较时,家长可以说:

- "每个人都有自己的进度,不要担心别人的表现,只需关注自己的进步。"
- "所有人都会遇到问题,你并不孤单。让我们一起探讨,解决它们。"
- "不要让一次不好的体验定义你的全部,我们都有能力改变和进步。"

2. 提供积极的反馈

家长需要在学习中给孩子及时的积极反馈。我们做过一个关于学习反馈对孩子厌学影响的研究[一]。我们先让参加实验的孩子们进行学习,同时扫描他们的大脑。然后在学习结束之后,对孩子们的学习结果进行反馈与评价。我们发现,当孩子得到他这次学习的结果特别不错这样的积极反馈时,他大脑中关于奖赏的区域被显著激活。也就是说学习本身其实是很累的,但是孩子们一旦

[一] 刘潞潞,卢家楣,和美,等. 先苦后乐:英语乐学大学生在英语学习时情绪反应的脑认知特点 [J]. 心理学报,2017,49(11):1414-1427.

得到积极的反馈，那些学习过程带来的疲惫与糟糕情绪就可以大为减少甚至消失。

其实孩子们都是非常期待能够得到家长、老师以及同伴们的肯定与认同的、长期得不到认同、鼓励与积极反馈的孩子，对学习的热情会慢慢消失，甚至会对学习变得麻木。因为无论自己如何努力，都没有办法得到认同与积极反馈，那么对于学习，就会产生失控感与厌恶感。

在这个研究当中，我们还有一个有意思的发现，越是成绩好的学生，对积极反馈越是期待，并且这种对积极反馈的期待会贯穿整个学习过程，成为学习中的主要动力之一。而成绩糟糕的孩子往往因为缺乏积极反馈体验的经历，所以在学习过程中并没有对积极反馈的期待，甚至会产生很多对可能出现糟糕学习反馈的担忧。所以我们反复强调无论是喜欢学习的孩子还是讨厌学习的孩子，学习内容本身都无法直接给孩子带来快乐，孩子在学习过程当中得到的积极体验，主要源于学习之后及时的积极反馈。没有积极反馈的学习，就如不发工资的工作，很难在过程中产生积极体验。

这可以从另一个角度解释为什么学习成绩差的孩子不爱学习，因为他缺少积极的反馈。学习过程对任何学生来说都是比较辛苦的，但不同的学生，在学习这件事情上获得的反馈的差异是很大的。成绩好的孩子可以有积极的反馈，比如题目做对了、成绩优异、家长奖励、老师表扬、同学羡慕和欣赏等。而成绩差的孩子，同样付出了努力，但是得不到好的反馈，而是体验到了大量的学习失败、考试失败、挨骂甚至挨打的糟糕反馈。所以他们在每次学习开始之前对于学习带来的结果是没有期待的，更多的是在被动承受着痛苦。

本章总结

1. 学习阻力的定义与重要性

   - 将学习过程比喻为车辆前行，学习中的阻力包括内在与外在的因素，类似于车辆的负重、路况和摩擦阻力。
   - 学习阻力会降低学习动力和效率，需要理解这些阻力的来源与影响。

2. 学习阻力的 PE 模型

   - **压力**：类似于负重，让孩子在学习过程中感到过重的负担。
   - **体验**：不愉快的学习体验就像摩擦力，持续影响孩子的学习意愿和效果。

   PE 模型帮助家长理解并有针对性地降低孩子的学习阻力。

3. 学习压力的管理策略

   - **压力管理指南**：压力源头管理，压力过程疏导，缓解压力冲击的心理技术。
     - **压力源头管理**：通过识别压力源，使用压力预警工具表帮助家长了解并分类孩子的压力来源。通过建立**压力过滤网**，帮助孩子减少不必要的心理负担，明确可管理的压力。通过识别孩子的压力崩溃临界点，并在压力过大时及时干预，对孩子的**压力进行预警与监控**。
     - **压力过程疏导**：提前预警压力源，形成应对预案；在学习过程中，减少孩子与压力的正面冲突；培养孩子遇到压力后立即摆脱压力源影响的心态。
- **压力冲击缓解**：家长应熟练掌握"压力灭火器"和"压力保险箱"技术来帮助孩子进行压力冲击的缓解。

4. 体验管理与改善策略

- **深入探究糟糕体验的形成**：通过具体案例分析孩子厌学情绪的形成过程，包括糟糕情绪、绝望感和糟糕的学习行为模式。
- **糟糕学习情绪的隔离与管理**：家长需要帮助孩子将负面情绪局限在具体事件中，不让其扩散到整体的学习体验中。
- **难以胜任的绝望感干预**：通过分解目标、正向反馈、积极自我对话和建立支持系统等方法帮助孩子逐步建立信心，摆脱绝望感。
- **糟糕学习行为模式的调整**：通过增强掌控感与提供积极反馈，帮助孩子重新建立起对学习的兴趣。

　　本章通过 PE 模型和多种管理策略，全面剖析了孩子学习过程中存在的阻力，提供了家长应对孩子学习压力和糟糕体验的具体可操作的方法，帮助孩子轻松应对学习中的挑战。

第 4 章

人际动力与情感支持

亲子关系是学习的润滑剂

家长的困惑与研究结果

家长经常困惑:"为什么不管我怎么说,孩子都不愿意好好学习?"其实问题可能不在于你说的不对,而在于你们的亲子关系可能出了问题。很多家长没有意识到,因为学习问题,自己和孩子的关系已经处于一个低谷。根据研究,学龄期孩子与家长之间的关系,往往是他们一生中最紧张的阶段之一。进入青春期后,孩子开始追求独立与自我认同,这种变化往往会引发更多的亲子冲突⊖。与此同时,孩子在学校面临的压力与社交挑战,往往

⊖ LAURSEN B, COLLINS W A. Parent-child relationships during adolescence[M]//LERNER R M, STEINBERG L. Handbook of adolescent psychology. John Wiley & Sons, 2009:3-42.

也会让家庭关系变得更加紧张⊖。因此，如何在这个阶段处理好亲子关系，是每个家长都需要特别关注的课题。这个时期的挑战虽然大，但也为家长提供了一个机会，去调整沟通方式，帮助孩子在成长过程中找到平衡，并维持健康的亲子关系。

误区与教训

家长都关心孩子的学习，只要是能让孩子好好学习的方法，家长都愿意去尝试。中国的家长非常辛苦，但是很多时候做的都是无用功，费力不讨好。其中一个重要的问题就是为了孩子的学习，破坏了与孩子的亲子关系。家长经常说："都是为了孩子好，等他长大了会理解的。"其实这里有一个很大的误区，亲子关系不好，本身就会影响孩子的学习。

> 有一个高三学生的家长曾与我分享她教育孩子的经历。这个妈妈是一家企业的高管，她的孩子高三了，物理成绩一直不太好，两次月考成绩都不理想。于是，这个妈妈决定辞职，在家专门陪伴孩子学习，想努力提高孩子的物理成绩。神奇的是，这个妈妈每天自学物理8小时，不到两个月的时间，她用孩子的物理月考试卷自测，成绩已经与孩子的差不多了。因此，她充满信心，相信自己能够帮助孩子提高物理成绩。然而，出乎意料的是，随着她物理水平的逐步提升，孩子的月考物理成绩不仅没有提高，反而比之前更差了。
>
> 这个妈妈感到非常崩溃，向我抱怨说："我已经放弃了所有，就为了孩子的学习，为什么孩子的物理成绩还会越来越差

⊖ DIX T. The affective organization of parenting：adaptive and maladaptive processes[J]. Psychological bulletin，1991，110(1)：3-25.

呢？"后来与孩子沟通后，我才明白了问题所在。孩子向我透露，自从妈妈开始自学物理后，每天都深陷于物理学习之中。而且，每当妈妈检查他的物理作业时，如果发现一些错误，就会说："这个题目妈妈都能做了，而且已经跟你讲过好几遍了，为什么你还做错？"因此，他们两人常常因为学习的事情而争吵。孩子还说："现在我背负着妈妈为了我放弃工作的压力。如果我高考考不好，感觉就会亏欠家人太多。"所以，他们的亲子关系变得越来越紧张。这个案例告诉我们，加强亲子关系的建设对于孩子的学习是多么重要。

建设良好亲子关系的策略

针对上述情况，我给了这个家长三个建议。这三点也是建立良好亲子关系的策略。

第一，停止过度干预。家长不需要会做这些题目，更不需要比孩子还厉害。家长要学会示弱，让孩子看到一个真实的家长其实挺好。例如，可以分享自己的困难："今天我在工作中遇到了一个我不知道怎么解决的问题，我感到很沮丧。"或者询问孩子的意见："我遇到了这个问题，你有什么建议吗？"

第二，给予情感支持。当孩子遇到不会做的题目时，更多地从家长的角度去给孩子情感支持、陪伴和交流，而不是从老师的角度去教会这个题目。例如，家长可以说："没关系，这是一个复杂的问题，让我们一起解决。"或者说："你已经做得很好了，我知道这是一个难题。"

第三，加强亲子关系。聚焦如何能让你们双方关系变得更好,从而促进孩子的学习动力。例如,可以设置每周一次"家庭时间",在这个时间里一起做某件事,比如做饭、看电影、做手工艺品等。或者每天花一些时间和孩子聊聊天,询问他们今天怎么样,有没有遇到什么困难或有趣的事情。

后来这个妈妈重新回到了职场。但这次,她更加重视与孩子的关系建设。结果是令人鼓舞的:孩子的学习状态逐渐恢复到了一个良好的状态,最终他考取了他理想的大学。家长也在感叹,重视亲子关系有多重要,原来良好亲子关系真的可以"提分"啊。

良好的亲子关系对孩子的学习有三层重要的意义

这个真实的故事告诉了我们一个深刻的道理:良好的亲子关系是孩子学习过程中不可或缺的支柱。这种关系像润滑剂,可以有效减轻孩子在学习中遇到的各种摩擦和阻力。而且,只有在良好的亲子关系中,我们才能真正听到孩子的内心声音,了解他们的真实想法和需要。更为重要的是,在面对学习困难时,稳固的亲子关系可以为孩子提供强大的情感支持,使他们有信心和勇气去克服各种挑战。因此,良好的亲子关系对孩子的学习有三层重要的意义。

- **减少学习中的阻力**:良好的亲子关系可以帮助孩子更加顺利地进行学习,减少他们遇到的困难和挫折。
- **了解孩子的真实想法**:只有在和谐的亲子关系中,我们才能真正倾听到孩子的内心声音,了解他们的想法和需要。
- **提供学习困难时的情感支持**:面对学习中的困难,孩子最需要的是情感上的支持和鼓励,而这正是良好的亲子关系可以提供的。

良好亲子关系的关键

理解孩子的真实需求

很多家长发现自己与孩子的关系变得紧张，根源通常有两个：一是不理解孩子真正需要什么；二是即使理解了孩子的需求，但如果这些需求与自身的期望产生冲突，家长也往往选择忽视。

让我们通过一个简单的例子来深入理解这个问题。假设有一天，孩子回到家，突然说："我明天开始再也不想去上学了。"作为家长，你的第一反应是什么？是想知道孩子为什么这么说，还是觉得孩子又在闹脾气，用不去上学来威胁你？

很多家长可能会选择后者，因为他们更关心孩子的学习成绩，而不是孩子的感受。这就是问题的所在。当我们过分关注孩子的学习，而忽视了他们的情感需求时，孩子就会感到被忽视，甚至可能觉得家长只关心他们的学习，而不关心他们的感受。这样，亲子关系就会出现裂痕。

当孩子表现出不寻常的行为时，最重要的是停下来尝试理解他们的真正意图，而不是立即对他们的行为做出评判。例如，如果孩子突然说他不想去学校，而我们立刻对此行为做出负面评价，可能会遗漏孩子真正试图传达的信息。也许他在学校受到了欺负，或者他可能遇到一些学习上的挑战，他不知道如何应对。还有可能是，孩子遇到了困难，或者受到了委屈，这让他不想再去学校。而这些困难或委屈可能与学校无关，可能是在回家的路上发生的，孩子只是将情绪发泄在了去学校上。如果我们不花时间去理解孩子的感受和想法，我们可能会错失帮助孩子的重要时机。

此外，即使我们学会了理解孩子，知道了他们的需求，但如果孩子的需求与我们的期望不一致，我们还是可能选择忽视孩子的需求。例如，如果孩子想要去肯德基就餐，而我们认为请家政人员做饭可能是一个更好的选择，那么我们可能就会忽视孩子的意愿，坚持我们自己的选择。

这样的行为可能会让孩子觉得他们的观点不受重视，或者甚至可能让他们觉得被忽视。因此，即使我们不完全同意孩子的观点，我们也应该给他们表达自己想法的机会，并尊重他们的决定。

我们应该避免对孩子施加过多的道德压力。如果孩子说"我讨厌数学"，我们不应立即责备他，而应该努力理解他为什么会有这样的想法。也许数学对他来说是一个真正的挑战，或者他可能觉得与其他孩子相比，自己在这方面不够出色。如果我们能够共情孩子，并与孩子一起找到解决方案，我们的亲子关系将变得更加和谐，孩子也会更愿意与我们分享他们的真实想法和感受。

总的来说，建立良好的亲子关系的关键是学会理解和尊重孩子。我们需要时刻记住，孩子不是我们的财产，而是独立的个体，有自己的想法和需求。我们的责任是支持他们，帮助他们成长为健康、自信、有能力的人。只有当我们真正理解和尊重他们时，我们与他们才能建立坚固、持久的亲子关系。

创建一个开放和支持的环境

建立良好的亲子关系的另一个关键是创建一个开放和支持的环境。在这样的环境中，孩子感到安全和被爱，并且愿意分享他们的感受和想法。家长可以从以下几点做起。

- **倾听和交流**：家长应该学会倾听孩子的声音，而不是只关注自己的想法和感受。当孩子与我们交流时，我们应该放下手中的事情，专心听他们说话。积极的交流可以帮助孩子感到被重视和被理解。
- **给予正面的反馈**：孩子需要正面的反馈来增强他们的自信心。当他们表现出色或者努力时，我们应该及时给予表扬和鼓励。正面的反馈不仅可以提升孩子的自尊心，还可以激发他们的学习动力。
- **建立信任**：信任是良好亲子关系的基础。我们应该与孩子建立起互相信任的关系，让他们知道无论发生什么事情，我们都会在他们身边支持他们。
- **尊重孩子的独立性**：孩子逐渐长大，他们会渴望更多的独立性。我们应该尊重他们的独立性，给予他们适当的自主权。这样可以帮助孩子培养责任感和决策能力。

亲子沟通的关键：注意与共情感受

建立良好的亲子关系，需要家长具备两个重要的心理品质：注意孩子的感受，共情孩子的感受。

首先，我们需要知道什么是注意孩子的感受。就是你在平时要去关注他们的情绪和反应。例如，有一天，小明兴高采烈地跑回家，激动地告诉妈妈："我这次考了班里第5名，我从来没有做到过，太棒了！"但妈妈却不以为然地说："第5名你有什么好高兴的，你就这点儿出息。"这样的回应立刻浇灭了小明的自豪感。或者，小红回到家，委屈地哭着说："老师为什么要这么说我？"而家长却一边浏览微博上的内容，一边不耐烦地说："老师可能也是忙吧，你可能也有做得不对的地方，下次注意就行了。"这样的回应让小红觉得自己的情绪被忽视了。

很多时候，我们作为家长，可能不自觉地就忽视了孩子的情绪和感受。但事实上，这些"小事"对于孩子来说，可能意义重大。如果我们能够更加关注孩子的感受，那么我们就能够更加理解他们，从而建立更加稳固、更加融洽的亲子关系。

其次，家长要站在孩子的视角，去共情孩子的情绪与感受。学会感同身受，是我们作为家长的重要职责。古人云："子非鱼，安知鱼之乐？"这句话揭示了一个深刻的道理：我们的视角常常与孩子不同，这往往是沟通障碍的根源。我们的经验、能力，甚至在家里的地位都比孩子更丰富或更强大，这可能让他们觉得不愿意或害怕与我们沟通。我们无法看到他们看到的，也无法完全理解他们想表达的，反之亦然，这使得沟通变得困难。这就是为什么我们总是强调，家长需要站在孩子的立场上考虑问题。

试想一下，如果一个人不小心掉进了路上的一个深坑里，受伤了，很疼，呻吟着。这时候，从旁边经过的你，站在他的角度思考，应该是什么样的？有些人可能会想："哦，他掉下去了，受伤了吗？哎哟，这要去医院了……"然后就离开了。这其实并不是真正理解了对方的感受。因为这样的回应，虽然表面上显示了关心，但实际上没有提供任何实质性的帮助。

这种情况类似于我们与孩子的沟通。我们可能听到了孩子说的话，但没有真正理解他们的感受和需求。因此，我们的回应可能会让他们觉得我们并不真正理解他们，从而导致亲子关系的疏离。

因此，我们应该努力成为"心声解读者"型的家长。这种家长不仅仅是听到了孩子的话，而且是能够深入理解孩子的内心世界，知道他们的喜怒哀乐，能够真正做到心意相通。我们需要努力去了解孩子的世界，站在他们的角度思考问题，这样才能建立更加积极、更加融洽的亲子关系。

学习动力的润滑剂：如何促进亲子关系？

促进亲子关系法则一：亲子关系优先

在我们的日常生活中，我们经常会面临各种各样的挑战，特别是作为家长。我们需要平衡工作、生活和孩子的教育。在这个过程中，很容易忽视一些重要的事情。这就是为什么我们需要一个明确的原则来指导我们的行为。这个原则就是亲子关系优先法则。

1. 什么是亲子关系优先法则

让我们想象一个常见的场景。你回家后发现孩子没有完成作业。你可能会很生气，因为你认为孩子应该负责任。你可能会想大声训斥孩子，或者强迫他们立即完成作业。但是，在这个时刻，我们需要停下来思考一下：我们的做法是否违背了亲子关系优先的养育法则，是否会对亲子关系产生负面影响？如果答案是肯定的，我们需要寻找另一种方法。

亲子关系优先法则意味着，在我们养育孩子的过程中，我们应该始终重视和孩子之间的关系。也就是，我们在处理孩子的学习和行为问题时，应该首先考虑我们的做法对亲子关系的影响。

这个法则有两个方面的含义。第一个方面是相对于其他事务的优先级。在我们处理孩子的学习和行为问题时，应该首先考虑我们的做法对亲子关系的影响。如果我们的做法可能对亲子关系产生负面影响，我们应该寻求其他方法。第二个方面是亲子关系和学习、教育的逻辑顺序。这意味着，在我们开始建设孩子的学习、教育之前，我们应该首先建立稳定、健康的亲子关系。只有在这样的基础上，我们才能有效地解决孩子的学习和行为问题。

因此，在处理孩子的学习和行为问题时，我们应该学会应用亲子关系优先法则。

- **与孩子沟通**。在监管孩子的学习过程中，与孩子的沟通非常重要。例如，如果我们发现孩子不情愿完成某个学习任务，我们可以问孩子："妈妈这样说、这样做，你觉得有没有影响到我们之间的关系？"这样，我们可以了解孩子的感受，并与孩子共同找到解决办法。
- **考虑代价**。如果有些学习任务是孩子不得不答应，看起来有些不情愿的，我们需要意识到这个学习行为的完成可能是以消耗亲子关系为代价的。因此，我们需要找到其他方法来补充和加强亲子关系。

案例分析

王女士的女儿小悠今年12岁，最近要参加一项重要的数学竞赛。王女士知道这对小悠的未来很重要，所以她加强了对小悠的监管，每天都要求她练习数学题目。

然而，小悠对数学不是特别感兴趣，她更喜欢绘画。在妈妈的监管下，她勉强答应完成数学练习，但是总是心不在焉。

王女士注意到了这个问题，她决定采取亲子关系优先法则。首先，她和小悠进行了一次沟通，询问她："妈妈这样要求你，你觉得对我们的关系有没有影响？如果有的话，请告诉妈妈，我们一起商量解决。"

小悠感到很受尊重，她说："妈妈，我知道数学竞赛对我很重要，但是我真的更喜欢绘画。当我被迫做数学题的时候，我会觉得很沮丧。"

王女士很感慨，她说："谢谢你告诉我你的感受。妈妈知道数学对你的未来很重要，但是妈妈也不想因此而伤害我们的关系。我们可以这样，每天你完成数学练习后，妈妈会陪你一起绘画一小时，怎么样？"

小悠很开心，她说："好的，妈妈，谢谢你。"

从这个案例中，我们可以看到，王女士在监管小悠的学习过程中，始终将亲子关系放在了第一位。她通过直接沟通，了解了小悠的感受，同时也通过补偿性行为加强关系，确保了亲子关系的稳定。

2. 亲子关系优先法则的实际应用

- **沟通优先**。与孩子交流时，要先了解他们的想法和感受，避免直接批评或责备。可以问问孩子："你现在的心情怎么样？有什么我可以帮忙的吗？"
- **尊重与理解**。在处理学习任务时，要尊重孩子的意愿和需求，理解他们的困难。例如，当孩子表达对某项任务的不满时，家长可以说："我理解这对你来说很难，我们一起想办法解决，好吗？"
- **寻找替代方案**。如果发现某个学习任务对孩子来说负担过重，考虑寻找替代方案，减轻孩子的压力。例如，如果孩子对某个科目感到特别困难，可以和孩子一起制订一个更加灵活的学习计划。

通过这些具体的行动，家长可以在保证孩子学习效果的同时，维护和提升亲子关系，从而促进孩子的学习动力和整体发展。

亲子关系优先法则意味着在处理孩子的学习和成长中的各种问题时，我们首先需要考虑在这些问题的形成过程中亲子关系的作用，以及解决这些问题可能对亲子关系产生的破坏性影响。这是因为一种稳定、健康的亲子关系是孩子心理健康、情绪稳定和学习发展的基础。

然而，这并不意味着我们应该溺爱孩子或对他们的一切行为都表示赞同。为了建立健康的亲子关系，我们需要在适当的时候给予孩子支持和鼓励，但同时也需要在适当的时候设定明确的界限和规则，以帮助他们了解社会的运作方式，建立自我控制能力，学会承担责任和培养良好的道德品质。

促进亲子关系法则二：以孩子的感受为解决问题的原点

在促进亲子关系的过程中，第二个关键原则是：将孩子此时此刻的感受作为你介入解决问题的原点。这意味着，在处理孩子的问题时，我们需要首先理解孩子的情感状态，而非直接做出反应。只有理解了孩子的感受，我们才能更有效地帮助他们解决问题。

举个例子，我曾遇到一个孩子，她不肯去上学，因为她上一次考试的成绩不理想，感到非常害怕。她的家长非常焦虑，认为孩子其实是懒惰或者不负责任。然而，真正的问题在于孩子对考试失败的恐惧已扩大到对上学的恐惧上了。

在这种情况下，最重要的不是批评孩子的行为，也不是强迫她去考试。而是要理解她此刻的情感反应，并提供支持和鼓励。所以，我没有急于建议她去考试，而是首先和她谈了谈她的感受。

我问她:"上次考试没考好,你感觉自己的付出没有得到回报,担心去学校后老师和同学们会提起这次考试,是吗?"孩子点了点头,眼里充满了恐惧。我接着说:"我能理解你害怕再次失败的心情,我们可以一起梳理一下你现在担心的事情,看看哪些是我们可以现在解决的,好吗?"孩子听后稍微平静了一些,开始愿意聊更多自己担心的事情。

我没有忽视孩子的感受,而是用理解和关怀去回应她的恐惧,并帮助她看到解决问题的希望。这种回应比单纯的批评和强迫更加有效,因为它从孩子的情感出发,让她感到被理解和支持。

这个例子说明了以下几个重要的点。

- **理解孩子的感受**:孩子的行为背后往往隐藏着他们的感受。如果我们只是关注他们的行为,而忽视他们的感受,我们可能会错过解决问题的关键。
- **针对感受回应**:我们的回应应该是针对孩子的感受,而不是他们的行为。在上述例子中,孩子的行为(不想去考试)是由于她的感受(害怕再次失败)。因此,我的回应是针对她的感受,而不是她的行为。
- **提供积极且具体的回应**:我们的回应应该是积极的,并且应该是具体的。在上述例子中,我没有简单地说"不要担心",而是给了一个具体的方案来提供支持。

促进亲子关系法则三:共情与理解为桥梁

良好的亲子关系离不开共情和理解。这两者是建立亲子关系的重要桥梁。家长需要学会站在孩子的角度去看问题,理解他们的感受和需求,并给予适当的回应。

以下是实践共情的几个具体方法。

- **倾听**。当孩子和你说话时，放下手中的事情，专心倾听，不打断他们。倾听不仅仅是听到他们在说什么，还要理解他们为什么这么说，背后的情感是什么。
- **表达理解**。当孩子表达出他们的感受时，用你的语言表达对他们感受的理解。比如，如果孩子说："我今天在学校过得很糟糕。"你可以说："听起来你今天过得很辛苦，你愿意和我分享一下发生了什么吗？"
- **避免评判**。在孩子表达他们的感受时，尽量避免评判或批评。相反，试着去理解他们的感受，给予他们支持。

案例分析

小明在学校遇到了同学的欺负，回到家后心情很差。他对妈妈说："我不想再去学校了，同学们都不喜欢我。"妈妈首先停下手中的事情，专心倾听小明的话，然后说："我能理解你的感受，遭到同学的欺负一定很难受。你愿意和我说说具体发生了什么吗？"小明感到妈妈的理解，开始慢慢倾诉他的遭遇。通过这种方式，妈妈不仅了解了小明在学校的情况，还增强了他们之间的信任和理解。

共情和理解是建立良好亲子关系的桥梁。通过倾听、理解和支持孩子的感受，我们能够更好地与孩子建立联结，帮助他们应对生活中的各种挑战。

亲子关系的 IRC 沟通技术

亲子沟通是一项关键的技能，尤其是在解决孩子遇到的问题时，推荐使用我构建的 IRC 沟通技术，即客观事件信息（information）、反应（response）描述和关心（care）与关注。这个方法可以很好地帮助家长贯彻"以孩子的感受为解决问题的原点"这一亲子关系促进的法则。

IRC 沟通技术的基本内容

在与孩子沟通学习或其他任何事情时，可以采用 IRC 三段式沟通技术。这个模式包括以下三个组成部分。

1. 客观事件信息

这个阶段的目的是分享观察到的事实性信息，而不是解释、评价或提供建议。在这个阶段，只是单纯地分享观察到的客观事实信息。这是沟通的起点，目的是确保双方对事件的事实信息有共同的认知，避免因为信息不一致而造成误解。

具体操作方法如下。

- 首先表达自己观察到的客观事实信息。
- 然后鼓励孩子及其他人分享他们的观察。

2. 反应描述

这个阶段需要你阐述对刚刚分享的信息内容、你眼中对方的反应。重点是描述你看到的具体反应，而不是解释原因或提供建议。

具体操作方法如下。

- 描述对方的行为反应。
- 鼓励对方描述他们自己的行为反应。

3. 关心与关注

在这个阶段，需要表达对对方客观感受的关心。这不仅是询问对方的感受，还要表明自己愿意倾听和理解对方的表现。

具体操作方法如下。

- 表达自己对对方的关心。
- 鼓励对方表达他们的感受。
- 强调大家一起处理事情。
- 强调不管事情结果怎么样，不影响双方的良好关系。

注意：整个沟通过程应强调客观、事实性的信息，避免包含主观的态度和观念，这样可以减少误解，提高沟通的有效性。

角色卡片

为了让 IRC 沟通技术的使用更加具体和生动，可以制作四个角色卡片：家长角色卡、孩子角色卡、教师角色卡、他人角色卡。每个卡片代表一个角色，卡片上可以简单描述该角色的一些基本信息和特点。

1. 角色卡片内容

- **家长角色卡**：描述家长的角色和家长视角的 IRC 具体内容。
- **孩子角色卡**：描述孩子的角色和孩子视角的 IRC 具体内容。
- **教师角色卡**：描述教师的角色和教师视角的 IRC 具体内容。
- **他人角色卡**：描述他人（例如朋友、亲戚、邻居）的角色和他们视角的 IRC 具体内容。

2. 使用方法

（1）角色分配

在沟通开始之前，分配角色卡片。可以根据实际情况，让家长和孩子选择或抽取角色卡片。不同的角色会有不同的视角和关注点，这样可以帮助参与者换位思考，更好地理解对方的立场和感受。

（2）IRC 沟通技术应用

在沟通过程中，根据所扮演的角色，按照 IRC 沟通技术进行沟通。首先，分享客观的事件信息，然后描述该角色的反应，最后表达该角色对事件的关心与关注。

（3）角色转换

如果需要，可以在沟通过程中交换角色卡片，这样可以让参与者从不同的角度去看待问题，有助于增强理解和共情。

3. 注意事项

- 避免在沟通过程中表达个人的观点和建议，而是要坚持使用 IRC 沟通技术。
- 在使用角色卡片的时候，要全身心地投入到所扮演的角色中，尽量理解和体验该角色的感受。

这样，我们就有了一个完整的沟通工具，可以在实践中逐步优化和完善。这个工具不仅可以用于家长和孩子之间的沟通，也可以用于教师和学生之间，甚至可以用于任何需要有效沟通的关系之间。

如果在使用角色卡的过程中，对于该角色的 IRC 具体内容，对方有很大分歧，不用担心，这些分歧反而能极大地帮助我们促进信息交换、增强角色互换、促进解决问题。因为没有这个角色卡片游戏，这些分歧可能就会直接发生在亲子之间基于某些问题的交流过程中。

案例实操

1. 背景

小明是一个初二的学生，最近他的数学成绩不是很好，而他的家长都希望他能提高数学成绩。小明的妈妈决定采用 IRC 沟通技术和角色卡片进行沟通，以了解小明的感受并找到提高成绩的方法。

2. 准备

小明的妈妈准备了四张角色卡片：家长角色卡、孩子角色卡、教师角色卡、他人角色卡。

3. 沟通过程

角色分配：小明的妈妈和小明分别抽取了"孩子角色卡"和"家长角色卡"。

4. IRC 沟通技术应用

- 客观事件信息。

  小明（家长角色）："我们发现你最近几次数学考试的成绩都不太理想，远低于你的预期。"

  小明的妈妈（孩子角色）："是的，我也感觉到我的成绩不太好。"

- 反应描述。

  小明（家长角色）："我们注意到你在学习上花了很多时间和精力，但似乎没有明显的进步。"

小明的妈妈（孩子角色）："我也很困惑，虽然我每天都在努力复习，但考试时还是有很多题目不会做。"

- 关心与关注。

小明（家长角色）："我们想知道你在学习数学时遇到的具体困难，是方法不对还是其他问题？"

小明的妈妈（孩子角色）："我觉得是我没能掌握正确的解题方法，有时候听课也跟不上。"

5. 角色转换

小明和妈妈交换了角色卡片，然后再次使用 IRC 沟通技术进行交流。

- 客观事件信息。

小明的妈妈（家长角色）："我知道你希望能够提高数学成绩，这对你来说很重要。"

小明（孩子角色）："是的，我也希望能够提高成绩，但感觉很有压力。"

- 反应描述。

小明的妈妈（家长角色）："作为家长，我们希望你能在学习中取得进步，但更关心你的学习过程和心态。"

小明（孩子角色）："我有时候觉得很无助，虽然想提高成绩，但不知道该从哪里开始。"

- 关心与关注。

小明的妈妈（家长角色）："我们可以一起讨论一些解决办法，比如找一个好的数学老师帮你补习，或者寻找一些适合你的学习资源和方法。"

小明（孩子角色）："我觉得找补习老师是一个好主意，

这样我可以更好地理解课程内容。"

6. 结果

通过IRC沟通技术和角色卡片方法，小明的妈妈发现小明的主要问题在于学习方法不对，而不是不努力。小明也明白了家长对他的支持，并愿意尝试新的学习方法来提升成绩。最终，他们决定一起找一个补习老师，并利用更多的学习资源来帮助小明提高数学成绩。

注意，在使用该卡片技术的时候，为了让角色卡片更加清晰，建议在卡片上列出每个角色的关注点和建议的交流内容。如下所示。

- 家长角色卡。
  关注点：孩子的学习状态、情绪和心理健康。
  建议内容：表达对孩子的关心和支持，提出可行的建议和解决方案。
- 孩子角色卡。
  关注点：自身的学习体验和困难。
  建议内容：表达自己的感受和需求，指出学习中的具体问题。
- 教师角色卡。
  关注点：学生的学业进步和课堂表现。
  建议内容：提供专业的学习建议和辅导方法，鼓励学生。
- 他人角色卡（如朋友、亲戚、邻居）。
  关注点：一般性的观察和关心。
  建议内容：提供外部视角的支持和鼓励。

亲子沟通中的实践技巧

通过 IRC 沟通技术和角色卡片的实践,小明和他的妈妈能够更好地理解对方的感受和想法。这不仅有助于解决当前的问题,还能在长远上增强亲子关系。以下是一些在亲子沟通中实践这些技巧的方法。

- **创造安全的沟通环境**。确保孩子感到安全和被尊重,愿意开放地分享他们的感受和想法。避免在情绪激动或压力大的时候进行重要的沟通。
- **主动倾听**。在沟通时,真正倾听孩子说的话,不打断他们,并通过点头或简单的回应来表示你在认真听。
- **使用积极的语言**。使用鼓励和支持性的语言,避免批评和责备。让孩子感到被理解和接受。
- **定期沟通**。设定一个定期的沟通时间,让孩子知道他们可以随时与你分享他们的困扰和感受。
- **尊重孩子的感受**。即使你不完全同意孩子的观点,也要尊重他们的感受,给予他们表达自己想法的机会。
- **寻找共同解决方案**。在遇到问题时,与孩子一起寻找解决方案,而不是单方面地做出决定。这样可以增强孩子的责任感和参与感。

通过以上技巧,家长可以在日常生活中更好地应用 IRC 沟通技术,促进亲子关系的健康发展,进而支持孩子的学习和成长。

本章总结

1. **建设良好亲子关系的策略**
   - **停止过度干预**：学会适度示弱,让孩子感受到父母的真实面貌。
   - **给予情感支持**：更多关注孩子的情感需求而非单纯的学习成绩。
   - **加强亲子关系**：通过共同活动促进感情。

2. **良好的亲子关系对孩子学习的三重意义**
   - **减少学习中的阻力**：亲子关系良好有助于减少学习过程中的阻力。
   - **了解孩子的真实想法**：在良好关系中,父母能更清楚地了解孩子的想法和内心需求。
   - **提供学习困难时的情感支持**：亲子关系提供的情感支持和鼓励能增强孩子应对学习困难的信心。

3. **建立良好亲子关系的关键**
   - **理解孩子的真实需求**：了解孩子的情感和需求,避免过度关注学习成绩而忽视孩子的感受。
   - **创建开放和支持的环境**：家长应尊重孩子的独立性,建立互相信任的关系,认真倾听孩子的声音并给予正面反馈。
   - **亲子沟通的关键**：通过注意和共情孩子的感受,家长可以更好地与孩子沟通,促进彼此关系的健康发展。

4. 促进亲子关系法则

- **法则一**："亲子关系优先"。在处理学习问题时，亲子关系应被优先考虑，避免过于严格的管教伤害亲子关系。
- **法则二**："以孩子的感受为解决问题的原点"。在解决问题时，应首先理解孩子的感受，再采取行动，确保解决方案符合孩子的需求。
- **法则三**："共情与理解为桥梁"。通过倾听、理解和支持孩子的情感，家长可以建立更加稳固的亲子关系，增强孩子的信任和依赖。

5. 亲子沟通的 IRC 技术

- **IRC 沟通技术**：使用客观事件信息、反应描述、关心与关注三个步骤，帮助家长更有效地与孩子沟通。
  - **客观事件信息**：分享观察到的客观事实。
  - **反应描述**：描述对方的反应，不做过多评价。
  - **关心与关注**：表达对孩子情感的关心，强化情感支持。

6. 亲子沟通的实践技巧

- **创建安全的沟通环境**：确保孩子在沟通时感到安全和被尊重。
- **主动倾听**：家长要专心倾听孩子的感受，避免打断或批评。
- **使用积极语言**：通过表扬和鼓励提升孩子的自信，激发学习动力。
- **定期沟通**：建立固定沟通时间，增强亲子互动。
- **尊重孩子的感受**：即使观点不同，也要尊重孩子的感受和意见。

- **寻找共同解决方案：** 在问题出现时，家长应与孩子共同探讨解决方案。

亲子关系是孩子学习的重要支柱，良好的亲子关系有助于孩子克服学习中的困难和挑战。通过有效的亲子沟通和情感支持，家长可以帮助孩子建立强大的学习动力，从而促进他们的整体发展。

2

第二部分

从 1 到 50，学习进步的密码

第 5 章

打好学习的基础：如何获得学习进步的"第一桶金"

取得学习进步的基本条件

每一个家长都期望自己的孩子能够在学习上取得进步，而当孩子终于开始愿意学习之后，我们除了喜悦，更多的是新的困惑：**孩子能否保持这种愿意学习的状态，并且在这个过程中真正取得进步？**保持积极状态并取得进步不仅是我们家长的期望，更是孩子的自身需求。这个阶段，家长们往往被以下几个问题困扰。

- 什么样的条件和迹象能够预示孩子接下来的学习会取得进步？
- 当孩子全面加速学习时，我们需要做好哪些准备？
- 如果孩子之前已经落下了很多功课，我们又应该从哪里开始补救？

如果我们把孩子的学习看作一次"创业"之旅，那么，我们要如何协助孩子快速取得进步，赚取学习的"第一桶金"呢？

实际上，解决这些看似复杂的问题，归根结底其实是在谈一个核心问题：如何调整孩子的学习状态，从而做好取得学习进步的心理准备！

学习状态 3A 模型

学习状态 3A 模型

如何帮助孩子调整学习状态，从而为学习进步做好准备？这既是一个科学研究的重要学术议题，也是家长最关心的养育话题。孩子学习进步、考试成绩提升等这些改变，都与他们每天学习状态的提升息息相关。大家都希望孩子学习进步，成绩能好起来。但是孩子学习成绩的改变，其实首先是孩子作为学习者，本身的学习状态要发生积极的变化。孩子学习状态的改变是有规律可循的。

我们可以把学习状态这个目标进行分解。

1. 专注力

首先，良好的学习状态得有非常强大的专注力（attention），能够在每天的各种信息与干扰中，始终聚焦学习目标，能够在学习开始之后，迅速进入学习状态，围绕学习任务进行沉浸式学习。尤其是在现在信息大爆炸的时代，各种学习之外的信息都会对学习任务造成干扰，孩子能快速聚焦目标、避免干扰、专注学习任务本身对于学习进步来说，至关重要。

2. 适应性

其次，学习过程的适应性（adaptation）是良好的学习状态的核心指标之一。良好的学习状态可以通过更为适应性的行为体现，例如在遇到学习困难、时间管理挑战或是情绪波动时，能够迅速调整自己的状态和策略，保持学习的连贯性和效率。举例来说，当孩子面对突发的挫折，例如难以理解的知识点或由分心导致的时间浪费时，能迅速调整自己的情绪，采取不同的学习策略或是求助于他人，从而迅速恢复学习状态。

3. 活跃度

最后，学习是一个极度消耗体力与脑力的过程，因此在学习过程中能否始终保持精力充沛、脑力十足，例如思维敏捷、记忆力强、注意力持久等，是学习状态的另一个核心指标，我们称之为活跃度（activation）。

所以，**学习状态可以用"学习状态 3A 模型"，3A Learning State Model，来评估：专注力、适应性、活跃度**。这个模型可以帮助我们更系统、更全面地理解和评估孩子的学习状态，从而更有针对性地帮助孩子改善学习状态，提高学习效果。

学习进步的关键在于调整和优化孩子的学习状态。我们可以通过学习状态 3A 模型来指导这个过程。通过这三个要素的综合作用，可以有效地提升孩子的学习状态，为学习进步打下坚实的基础。

学习状态 3A 模型之专注力

让孩子在学习中集中注意力是令每个家长头疼的事情。我们总是听到家长们说："孩子学东西总是心不在焉的，得时不时提醒他注意。"这恰恰突出了专注力在孩子的学习状态中的稀缺性。孩子每天要经历很多事情，也要完成很多任务，而孩子能够同时处理这些信息的资源是有限的。决定投入多少心理资源来完成学习，取决于孩子的专注力。这就是平时我们说的孩子有没有把心思放在学习上，实际上讲的就是专注力是否在学习上，因为专注力决定了孩子放在学习任务上的心理资源的量。因此，良好的学习状态需要迅速将焦点聚集在学习目标上，并全身心投入到学习任务中，这是一个好的学习状态的标志。

但是，**要让孩子全身心投入到学习中，必须满足一些前提条件。**

1. 条件1：学习任务能够触动孩子的情绪

我们会注意到，当我们做自己喜爱的事情时，往往会忘记一切，全神贯注。例如，在街头偶遇久违的朋友并愉快聊天时，周围的喧嚣似乎消失了。或者，在一个拥挤的演唱会现场，虽然天气可能很热，人群可能很挤，但是那一刻，所有的一切似乎都不重要了，因为你全身心都在努力感受演唱会的氛围。直到演唱会结束，你才突然意识到衣服已经被汗水湿透。甚至动物也是如此，比如，当一只猫全神贯注地盯着老鼠时，它的眼中只有老鼠，整个身体都处于待发状态，这时它的世界里只有一个目标，那就是捕捉老鼠。

除了积极情绪，像焦虑、恐惧等负面情绪也能促使我们集中精力完成任务。例如，临近截止日期的学习任务，或者一个小兔子被小狗追逐时想要逃跑，这些情况都需要集中精力、不能分心，才能完成任务，甚至躲避危及生命的危险。

因此，为了快速进入学习状态，全身心投入到当前的学习任务中，学习任务本身需要能很好地调动起孩子的情绪。这可能是兴奋、快乐，也可能是适度的恐惧或焦虑。这些都可以让孩子全神贯注地完成任务。需要强调的是，恐惧和焦虑需要适度，不能对孩子的身心健康和成长造成损害。但是，对学习本身有适度的敬畏之心，对难以完成的学习任务感受到一定的压力和负担，其实也可以激发孩子的学习状态。人们往往因为喜欢某个学习任务,因此努力想要完成它;或者因为害怕某个学习任务,因此努力避免它,从而调动注意力去完成该学习任务。

当前的学习任务能否触动孩子的情绪,决定了他们能否全身心投入到当前的学习任务中,这是判断孩子是否进入良好学习状态的一个重要指标。

(1)学习过程中的情绪唤起

确实,当学习变成一种日复一日、年复一年的重复且枯燥的活动时,孩子们会变得非常麻木和无聊。这样的学习任务无法触动孩子的情绪,因此他们很容易分心,学习状态也会变得浑浑噩噩,觉得学习特别困难。

> 以孩子放学回家后写作业为例。孩子放学回家,妈妈可能在准备晚餐,爸爸可能还没回家。妈妈会一边忙碌着,一边告诉孩子洗手、吃水果,然后写作业。孩子就会进书房,拿出书本,找到老师留的作业,开始写。在这期间,爸爸可能会回来,进书房跟孩子打个招呼,但看到孩子在写作业就不会打扰他。过一会儿妈妈会叫孩子吃饭,孩子吃完后会继续写作业,一直到晚上9点多,才终于完成作业。妈妈会检查作业,发现有错误的地方就会叫孩子过来,辅导他改正。等到一切都弄完,可能已经是10点了。第二天还要上学,所以孩子会赶紧洗澡,准备睡觉。这可能是中国许多孩子放学后的日常生活。

根据我们之前讨论的,专注力需要情绪的唤起,但大部分孩子在学习过程中的情绪唤起实际上是非常差的。想想看，这样的生活每天都在重复，孩子很难被激发太多的情绪，只能麻木地完成任务，这样的学习状态是很难保持的。

（2）孩子寻找学习过程中的刺激

因此，你会发现孩子会自己寻找一些学习过程中的刺激，例如偷偷玩手机。虽然他们实际上可能只玩几分钟，但学习过程中的情绪会产生一些变化，好像得到了很多新的刺激。或者孩子会不断地走出书房，一会儿去上厕所，一会儿去喝水。这些实际上都是因为孩子在学习过程中没有被唤起情绪，无法长时间沉浸在学习中，所以才会表现出这样的行为。

我们必须认识到，如果学习任务不能触动孩子的情绪，他们就无法全身心投入，这将严重影响他们的学习状态和效果。为了提高孩子的学习效率，我们需要重新思考我们的教育方式，尽可能地将情绪因素融入学习中，这样孩子才能更加专注、高效地完成学习任务。

2. 条件2：设定具体、可执行的学习目标

让孩子迅速进入学习状态的任务的目标常常是明确、可量化、易操作的。 这很容易理解，想象一下，周末在家，如果没有具体计划，就容易不知道要做什么，也不清楚从何开始或何时结束。但如果有明确的目标，比如家里来了重要客人，需要准备丰盛的晚餐，那你会迅速调整状态并快速投入其中。因为你知道有几位客人，需要准备几道菜，哪些食材，哪道菜先做，哪道菜后做，客人大约何时到来，何时开始备菜等。这些任务目标清晰，时间和数量都可量化、可执行，所以容易集中精力。

同理，为了让孩子迅速进入学习状态，我们可以优化学习任

务的设定,使其符合可量化、可执行的标准。例如,给孩子布置周末的学习任务时,要明确量化学习内容、时长、考核指标和质量反馈等。这些可量化的任务就像靶子,能够让孩子集中资源、聚焦目标、完成学习。只要目标明确,孩子就能迅速投入学习过程。在学习的初始阶段,我们可以用这种可量化、可控制、可执行的学习任务,来帮助孩子迅速进入学习状态。例如,孩子晚上有几科作业,可以先安排最可量化、最可执行的任务,比如抄写某段诗词两遍、标注做错的题目并摘抄到错题本等。这些任务有明确的开始和结束、清晰的量化指标、明确的执行流程,所以在学习开始时,能帮助孩子迅速进入状态。

特别是当家长布置孩子的学习任务时,可以从沟通模式上做一些调整,以符合设定具体、可执行的学习目标的条件。这样的效果会非常好。例如,不是简单地告诉孩子"你需要完成这些作业",而是具体明确地说"你需要完成数学练习册第10页到第15页的题目,然后在错题本上记下做错的题目,并找出错误的原因"。这样的指示更具体、更清晰、更容易执行。

> **案例解析**
>
> 　　小明是一个小学三年级的学生,他的妈妈常常发现,布置给他的作业,他常常是做一会儿,然后就开始走神、不专心。而且,常常是做一部分就觉得很累,不想继续做了。小明的妈妈觉得很奇怪,因为她总是告诉小明:"你今天晚上的作业是数学、语文、英语作业。"然后就让他自己去做,但是小明总是觉得很吃力。
>
> 　　后来,小明的妈妈学会了设定具体、可执行的学习目标的技术。于是,小明的妈妈回家后,尝试改变了沟通模式。她开

始具体明确地告诉小明:"你先做数学作业,从第10页做到第15页,然后检查一遍,如果有错题,就在错题本上记下来。然后再做语文作业,先抄写这篇课文两遍,然后背诵。最后做英语作业,先读课文,然后做练习册上的题目。"

经过一段时间的尝试,小明的妈妈发现,小明做作业的效率明显提高了,而且更加专心,不再那么容易感到疲惫。这是因为具体的、可执行的学习目标,能够让小明清晰地知道自己需要做什么,有了明确的方向和目标,小明不再感到迷茫和无所事事。

能够让孩子迅速进入专注的学习状态的沟通,都是在家长有清晰、可执行的指令下进行的。特征是有清晰的任务边界、确定的任务目标、可执行的任务要求。聪明的家长不会直接下命令,而是在与孩子的互动过程中,一起商量这些具体的学习目标。

糟糕的家长在安排孩子学习时,一般有两个不足。第一,强行硬塞任务。例如:"你赶紧吃完饭去写作业,别在那里看电视了,赶紧做作业去。"这样的沟通中,家长像是监工,而且暗含一种孩子很不想去学习的意味。其实,只要简单改变一下表达结构,就可以让孩子更好地配合学习。例如,可以与孩子商量今晚学习的整体内容有哪些,每个学习任务大概需要多长时间,具体需要学哪些内容,哪些内容比较难。如果家长多以这样具体化的方式与孩子沟通,孩子就不再认为家长是监工,而是协助自己学习的伙伴,可以一起商量着完成学习任务。这对于迅速进入学习状态非常重要。

第二,指令不清晰,缺乏可操作性。这一点通常表现为家长在布置任务时,没有明确的目标、具体的任务范围和明确的完成标准。比如,简单地告诉孩子:"你今天要完成所有作业。"这样的指令很模糊,因为"所有作业"涵盖的范围太广,没有具体的开始和结束点,也没有具体的完成标准。孩子不知道从何处开始、何时才算完成,容易感到迷茫和有压力。

实际上,孩子们在面对不清晰、缺乏可操作性的指令时,往往会感到焦虑和无助,这对他们的学习是非常不利的。家长在布置学习任务时,需要尽量做到"三明确":**明确的任务范围、明确的任务目标、明确的完成标准**。

研究表明,人的大脑更适应加工具体、清晰的信息[⊖]。当面对模糊、不清晰的指令时,大脑需要花费更多的精力去理解和加工,这会消耗更多的认知资源,导致注意力不集中,学习效率降低。因此,告诉孩子:"你今天的数学作业是完成练习册第10页到第15页的题目,然后检查一遍,把错题记在错题本上。"这样的指令具有明确的任务范围(第10页到第15页)、明确的任务目标(完成题目、检查、记错题)和明确的完成标准(所有题目都做完、错题都记下)。这样的指令清晰、可操作,孩子能够明确知道自己需要做什么,有利于他们迅速进入学习状态,提高学习效率。

沟通的方式也很重要。家长应尽量避免命令式的沟通,而采取协商式的沟通。这样可以增强孩子的参与感,让他们觉得自己是学习的主体,而不是被动的执行者。这不仅仅是为了避免孩子产生反感,还有更深层次的目的。研究表明,这样的沟通方式有

⊖ SWELLER J. Cognitive load during problem solving: effects on learning[J]. Cognitive science, 1988, 12(2): 257-285.

利于培养孩子的自主学习能力和学习兴趣[1]。因为它让孩子感到自己的意见被尊重、自己的决定有价值，从而增强自信，增加学习的积极性。

学习状态 3A 模型之适应性

良好的学习状态是一个复杂的多维度结构，其中一个关键的组成部分是**适应性学习行为**。适应性学习行为的重要性不容忽视。家长们常常会发现，尽管孩子们花费了相似的学习时长，但他们的学习效果和成绩却存在着巨大的差异。实际上，这很多时候都是由于每天的适应性学习行为的不同。

> "妈妈，我找不到我的笔了！""爸爸，我又忘记做作业了！""啊，我又忘记今天有测验了！""怎么又十点半了，我还有好多作业没做完啊！""妈妈，我得打电话问问同学今天的语文作业是什么！"这些话是不是触动了每个家长的心弦？

孩子在学习过程中似乎总是困扰于各种混乱和无效的学习行为。他们的学习过程充满了不确定性。一会儿学一下英语，英语没学多久又拿出数学题，突然又跑出去吃点零食，跟爸爸聊会儿天。刚回到书桌前，没多久又跟妈妈说忘记语文作业是哪些题目了，需要打电话问同学。然而，打电话时却忘记问作业，与同学又开心聊起游戏的事情了。这样的学习行为不仅仅混乱，而且效

---

[1] ZHANG Y. Quality matters more than quantity: Parent-child communication and adolescents' academic performance[J]. Frontiers in psychology, 2020, 11: 1203.

率极低,严重影响学习效果。

这种现象并不是个例,而是广大孩子普遍存在的问题。一个重要的原因是,许多孩子并没有建立起适应性学习行为。适应性学习行为不仅仅是能够记住事情,而且是能够合理安排时间,让学习过程条理化,分辨自己的弱点和重点,这样才能真正实现每天的有效学习。

让我们首先理解什么是适应性学习行为。适应性学习行为是指能够合理安排学习时间,让学习行为的条理性很强的行为。简而言之,适应性学习行为就是有组织、有计划、有目的地进行学习。

对于拥有良好学习状态的孩子来说,他们的适应性学习行为通常表现为合理安排学习时间,制订学习计划,遵循学习计划,学习时能够集中精力、避免干扰,及时调整学习策略等。比如小明,他总是能提前制订学习计划,明确每天要完成的学习任务,并能够按照计划执行,不受外界干扰,遇到困难时能够及时调整学习策略,这就是适应性学习行为的表现。

对于学习状态糟糕的孩子,他们的学习行为通常是无效的,表现为混乱无序、碎片化非常严重。比如小红,她总是没有计划地学习,今天看这个,明天看那个,经常分心,容易受到外界干扰,遇到困难时不知道如何调整,这就是无效学习行为的表现。

因此,我们可以得出结论,适应性学习行为是判断孩子是否具有良好学习状态的重要指标。拥有良好适应性学习行为的孩子,他们的学习状态通常会比较好,而学习行为混乱无序的孩子,他们的学习状态通常会比较差。

适应性学习行为怎么得来的?我们首先需要了解孩子学习行为背后的科学规律。如果我们把孩子每天的学习看作一场战役

（事实上很多家长也就是这样想的，每天辅导孩子的学习，就和打仗一样煎熬），那么要赢得学习的这场战役，需要一个优秀的学习指挥官。孩子每天的学习，都需要不断做决定、做计划、记住事情、控制学习中的不良或冲动行为，这些**都是由孩子大脑这个"学习指挥官"在安排**。这个学习指挥官能帮助孩子组织实施学习计划，合理安排学习行为，排除学习中的干扰，从而赢得学习这场战役的胜利。

实际上，每次孩子在学习的时候，孩子大脑这个学习指挥官主要都在做三件事情：**学习任务切换、学习信息筛选、学习干扰管控**。这三个任务完成的好坏直接决定了每天学习行为的质量。所以适应性学习行为的质量是学习状态好坏的最重要指标之一。

（1）学习任务切换

任务切换是指大脑在不同学习任务或目标之间的灵活转换能力。例如，小明正在做数学作业，突然想起还有英语单词需要背诵，于是他决定放下数学作业开始背单词。这种转换能力对于有效管理时间和任务优先级非常重要。

（2）学习信息筛选

在学习过程中，我们会接收到大量的新信息。学习指挥官的角色是初步筛选这些信息，将有用的知识与已有的知识相连，形成一个完整的知识体系。同时，指挥官也会过滤掉那些无关或干扰学习的信息，例如学习时的背景音乐或社交媒体消息。

（3）学习干扰管控

学习指挥官负责监管学习过程，排除各种外界干扰。例如，当孩子准备专心学习时，指挥官需要决定是否允许背景音乐，是否立即查看手机消息等。这些决策会影响孩子学习专注度的维持和效率的高低。

那么如何充分发挥学习指挥官的功能呢？

- **任务切换优化**。建议家长和老师帮助孩子制订清晰的学习计划，明确每个学习任务的时间段，培养孩子在完成一个任务后再切换到下一个任务的习惯，这有助于提高学习效率。
- **信息筛选加强**。教育孩子如何区分重要信息和干扰信息，例如学习时避免多任务处理。引导孩子整理笔记，将新知识与已有知识联系起来，形成自己的学习体系。
- **干扰管理提升**。建议设置一个安静、无干扰的学习环境，帮助孩子集中注意力。家长可以协助孩子制订规则，例如学习期间不使用手机或定时检查手机消息。

具体如何增强孩子在学习中的监管与排除干扰的技能呢？ 可以采取以下几种方法。

（1）切断干扰源

孩子的监管与排除干扰的认知资源是有限的，减少干扰源头，可以节省孩子的监管资源。

- **创建一个安静的学习环境**：确保在孩子的学习空间中尽量不存在外界的声音干扰，比如电视声、家人的谈话声等。
- **限制电子设备的使用**：在学习时间内，尽量将手机、平板电脑等电子设备收起来，避免孩子在学习过程中受到电子设备的干扰。

（2）练习始终聚焦目标的技能

通过练习让孩子学会在一个时间段内专注于一个任务。

- **分阶段集中注意力**：设定短时间内的学习任务，比如 20 分钟内专注于学习，之后休息 5 分钟，再重复此过程。逐渐延长专注时间。
- **使用计时器**：帮助孩子专注于任务，设定一个计时器，提醒他们在规定时间内只做一件事。

（3）对干扰刺激不反应或延迟反应

通过练习，培养孩子对干扰刺激的冲动反应进行抑制或延迟。

- **设定规则**：例如，学习时间内不允许查看手机，或是必须完成一部分任务后才能休息。
- **奖励机制**：当孩子成功抑制住对干扰刺激的冲动反应时，可以给予适当的奖励，增强他们的自控力。

（4）在干扰刺激的反应过程中加入有意识的监管对话

帮助孩子在面对干扰时，进行有意识的内部对话，提醒自己集中注意力。

- **自我提醒**：教孩子在面对干扰时，默念或低声对自己说"现在不是查看手机的时间""我需要完成作业才能玩"。
- **积极的自我对话**：培养孩子用积极的语言激励自己，例如"我可以做到的""再坚持一会儿"。

（5）练习自动化抗干扰策略

通过反复练习，孩子在面对干扰时能够自动化地采取有效策略。

- **情景模拟练习**：创建一些有干扰的学习环境，让孩子练习如何在这些环境中保持专注。例如，在家里播放音乐，让孩子在这种环境中做作业。
- **逐步加大干扰强度**：从低干扰环境逐步过渡到高干扰环境，让孩子逐步适应并掌握应对策略。
- **定期复盘与调整**：定期与孩子复盘他们的学习过程，分析哪些策略有效，哪些需要改进，持续优化他们应对干扰的能力。

通过以上方法，家长可以帮助孩子逐步提高在学习中的监管与排除干扰技能，最终形成自动化的行为模式，提高学习效率和效果。

学习状态 3A 模型之活跃度

良好的学习状态，可以让孩子超预期地完成学习任务。很多孩子会把这种状态形容为一种**"脑力全开"**的过程。无论是攻克学习中的难题，还是排除其他事物的干扰，学习都是一种非常消耗脑力的活动。因此，学习过程中的精力与脑力都需要非常活跃，才能很好地完成各项学习任务。

1. 影响大脑活跃度的因素

大脑的活跃度受到多方面因素的影响，主要包括生理因素、心理因素和环境因素。

（1）生理因素

生理因素是影响大脑活跃度的基础条件，包括精力、作息和皮质醇唤醒。

- **精力**。充足的睡眠和良好的作息习惯是确保孩子精力充沛的基础。研究表明，青少年每天需要 8～10 小时的睡眠才能保持最佳的学习状态[1]。家长应该确保孩子有规律的作息时间，避免熬夜和过度疲劳。

- **作息**。学的作息时间安排有助于孩子保持良好的学习状态。早睡早起的习惯不仅可以保证充足的睡眠，还能帮助孩子在精力最充沛的时候进行学习，从而提高学习效率。
- **皮质醇唤醒**。皮质醇是一种在早晨自然升高的激素，有助于大脑的清醒和活跃。家长可以帮助孩子建立规律的晨起习惯，通过适度的晨练、照射阳光等方式，促进皮质醇的自然唤醒，提升孩子的学习状态。

（2）心理因素

心理因素对大脑活跃度有着重要影响，主要包括情绪和认知加工。

- **情绪**。积极的情绪可以显著提升大脑的活跃度。家长应该关注孩子的情绪状态，鼓励孩子保持乐观和自信。通过积极的情绪管理，如鼓励、赞美和适度的压力调节，帮助孩子在学习中保持良好的情绪状态，从而提升大脑活跃度。
- **认知加工**。认知加工能力直接影响学习效果。家长可以通过一些认知训练游戏、逻辑推理题和脑力挑战活动，帮助孩子提升认知加工能力。比如，每天抽出一些时间进行脑筋急转弯、数独等益智游戏，可以有效提升孩子的认知加工能力和大脑活跃度。

---

[1] HIRSHKOWITZ M，WHITON K，ALBERT S M，et al. National Sleep Foundation's sleep time duration recommendations：methodology and results summary[J]. Sleep health，2015，1(1)：40-43.

（3）环境因素

环境因素对大脑活跃度的影响也不容忽视，主要包括威胁性压力或失控性压力。

- **威胁性压力**。过度的威胁性压力会导致个体进入应激状态，影响学习效果。家长应该帮助孩子识别和管理压力，通过一些放松技巧，如深呼吸、冥想和适度的运动，减轻孩子的压力水平，避免因压力过大而影响大脑的活跃度。
- **失控性压力**。孩子在面对学习任务时，如果感到失控或无助，往往也会出现应激反应，导致大脑活跃度下降。家长可以通过设定适度的学习目标，分阶段完成任务，帮助孩子在学习中获得掌控感，从而提升大脑的活跃度。

2. 如何提升孩子的活跃状态

提升孩子的活跃状态，可以从以下几个方面入手。

（1）确保充足的睡眠和合理的作息时间

- **保持规律的作息**：确保孩子每天有足够的睡眠时间，避免熬夜和过度疲劳。
- **适度的晨间运动**：通过晨练和阳光照射，帮助孩子自然唤醒皮质醇，提高精力和大脑活跃度。

（2）管理和提升情绪状态

- **情绪管理技巧**：教会孩子一些情绪管理技巧，如深呼吸、冥想等，帮助他们在学习中保持积极的情绪。
- **积极的情绪反馈**：家长要多给予孩子积极的情绪反馈，如表扬和鼓励，增强他们的自信心和学习动力。

(3)提供适当的认知挑战

- **益智游戏和脑力训练**：每天安排一些认知挑战活动，如脑筋急转弯、数独等，帮助孩子提升认知加工能力。
- **分阶段完成任务**：将学习任务分解成小目标，让孩子在逐步完成任务中获得成就感，提升大脑的活跃度。

(4)创建支持性学习环境

- **减少环境中的干扰**：为孩子创造一个安静、整洁的学习环境，减少外界的干扰。
- **调节压力水平**：帮助孩子识别和管理压力，通过放松技巧和积极的心理支持，减轻学习压力。

通过以上方法，家长可以有效提升孩子的激活状态，让他们在学习中保持脑力全开，更加专注和高效地完成学习任务。

本章总结

1. 取得学习进步的基本条件

- **家长的困惑与期待**：家长希望孩子能够保持愿意学习的状态并取得进步。常见困惑包括如何判断孩子将来是否会取得进步，如何为孩子的学习做好准备，以及如何弥补孩子落下的功课。
- **核心问题**：关键在于如何调整孩子的学习状态，以做好取得进步的心理准备。

2. 学习状态 3A 模型

- **专注力**：孩子能集中多少心理资源在学习上。
- **适应性**：面对挑战和情绪波动时，能迅速调整学习状态。
- **活跃度**：保持精力充沛和高效的脑力活动，完成学习任务。

3. 学习状态 3A 模型之专注力

- **重要性**：专注力决定孩子能投入多少心理资源来完成学习任务，是学习状态的标志。
- **前提条件**：
  - 学习任务需要能够激发孩子的积极或适度负面情绪，促进全身心投入。
  - **设定具体、可执行的学习目标**：清晰、量化、可执行的目标有助于孩子迅速进入学习状态。

4. 学习状态 3A 模型之适应性

- **重要性**：适应性学习行为是孩子良好学习状态的重要指标。
- **适应性学习行为的核心任务**
  - **任务切换**：大脑能在不同学习任务或目标中灵活转换。
  - **信息筛选**：有效挑选有用信息并整合成系统。
  - **干扰管控**：排除外界干扰，保持学习专注。
- **促进方法**
  - **切断干扰源**：减少学习过程中的外部干扰。
  - **练习始终聚焦目标的技能**：设定短期学习任务，帮助孩子保持专注。
  - **对干扰刺激不反应或延迟反应**：通过规则与奖励培养自控力。
  - **在干扰刺激的反应过程中加入有意识的监管对话**：面对干扰时进行自我提醒和积极对话。
  - **练习自动化抗干扰策略**：反复训练，使应对干扰的行为成为自动化模式。

5. 学习状态 3A 模型之活跃度

- **重要性**：保持大脑和身体的活跃度是完成学习任务的关键。
- **影响因素**
  - **生理因素**：包括精力、作息和皮质醇唤醒。
  - **心理因素**：情绪管理和认知加工能力。
  - **环境因素**：威胁性压力和失控性压力的影响。
- **提升方法**
  - **充足的睡眠与合理的作息时间**：确保孩子有规律地作息，早晨通过适度运动和阳光照射唤醒皮质醇。

- **管理和提升情绪状态**：通过积极的情绪反馈和情绪管理技巧保持孩子良好的情绪。
- **提供适当的认知挑战**：通过益智游戏和分阶段任务提升大脑活跃度。
- **创建支持性学习环境**：减少外界干扰，调节压力水平，帮助孩子保持学习动力。

通过 3A 模型，家长可以有针对性地帮助孩子改善学习状态，为学习进步打下坚实的基础。专注力、适应性和活跃度三个要素的综合作用，能有效提升孩子的学习效率和学习动力，从而促进学习进步。

第 6 章

提升学习全过程的效率：学习进步的关键

案例导入

小明是一个小学三年级的学生，他的妈妈最近越发焦虑。每天下午，刚从学校回来的小明就开始写作业，一直到深夜才勉强完成。尽管小明每天花了大量时间在学习上，但他的成绩却始终没有起色。看着小明写作业时频频走神，被手机、电视等吸引，小明的妈妈不禁感到无力和沮丧。她不断地问自己："为什么小明花了这么多时间，成绩却不见提高？为什么别人家的孩子能在短时间内高效完成作业，而小明总是要熬到深夜？"

小明的妈妈不是唯一一个有这种困扰的家长。许多家长都会发现，孩子看似很努力，却始终没有好的学习效果。这种无效学习不仅让孩子感到疲惫和挫败，也让家长心力交瘁。孩子学习过程的效率低下，成为家长们心中的痛点。

提高孩子学习效率的重要性

你是不是经常苦恼于自己孩子学习停滞不前？孩子不愿学、孩子学不好几乎是每个家长最头疼的两件事情。解决了孩子不愿学习的问题之后，提高效率则是孩子学习进步的突破口。作为一名心理学教授，我经常有机会去中小学观察学生们的学习，也与大量家长、教师讨论如何帮助孩子取得学习进步。通过大量观察与交流，我发现当下孩子学习效率的差异是巨大的，很多孩子正处于无效学习或者低效学习的困境中。学习效率不高正在严重消耗孩子学习的热情，影响学习效果。

当孩子开始愿意努力学习之后，他们就启动了自己的学习动力，完成了学习进步的从0到1的过程。接下来对取得学习进步最重要的事情就是提高学习效率。我认真思考过孩子学习这件事情，发现效率的作用实在是太大了。首先，孩子的学习是一个长达10余年的漫长过程，同样的努力程度，如果学习效率不行，每天的学习效果就差一点儿，那么10年就是天壤之别。其次，孩子的学习涉及很多协同的环节以及需要协作的人，学习过程需要有教学、评测、练习等各个环节，每个环节都涉及学习效率问题，而学习过程又需要与家长、教师、同学等不同的人进行合作。学习过程涉及学校、家庭等不同环境的交互。因此，孩子的学习过程对学习效率的要求非常高，涉及多个环节、多个人及环境的协同。这些要素的效率整合程度直接影响孩子的学习结果。你肯定希望自己孩子的付出都有回报，努力学习会有好的结果。这就需要在学习过程中了解与学习效率相关的知识，从而知道如何帮助孩子在学习中提高效率，实现进步。

其实，孩子的学习效率比拼的是既有条件下的学习加工与输出效率。如何在孩子的努力、智力以及学习条件已经很难继续突破的前提下，最大效率地利用现有资源与条件，获得最好的学习效果，实现学习问题的最优解决，这是思考孩子学习效率提升的关键。

学习是一场智力与体力的长跑，所以非常讲究学习效率的应用。尤其是当孩子的努力、智力及学习条件这些因素在短时间内很难改变的情况下时，如何在现有状况中获得新的进步，其实降本提效是最佳策略。效率的本质就是在特定条件和资源的约束下，最大化输出或取得最大化成果的能力。它不仅涉及资源利用的最优化，还包括时间管理、过程优化和目标实现的有效性。所以，如果你想帮助孩子搞好学习，就得专门思考如何提升孩子的学习效率。

提高孩子学习效率的可行性

我认为，在孩子的努力、智力及学习条件不变的前提下，要想使成绩发生翻天覆地的变化，提升学习效率是最简单的方法。尤其重要的是，这一方法是孩子最愿意参与的，因为它并没有额外要求他们付出更多的努力，也没有质疑他们的学习能力或抱怨当前的学习环境、教师或学校的问题。

对于孩子来说，学习是一个长周期、多环节、多任务的工作。每个环节的效率提升一点儿，最终都会产生指数级的进步。而这一过程中，家长的支持显得尤为关键。帮助孩子提升学习效率是一个非常可行的目标，尤其当家长能够通过科学的方式提供具体的指导时。这不仅能够减少孩子的学习压力，还能让学习变得更加有趣和高效。

进一步来说，提高学习效率是孩子最能轻易做到的事情，因为它不必让孩子从根本上改变他们的学习条件或学习能力。很多时候，学习效率的提升来自一些简单的小调整，而这些小调整通常对孩子来说并不困难。例如，孩子可以通过更好地管理时间、调整学习环境或采用科学的学习方法来显著提升学习效果。这种可操作性使得提高学习效率成为一个特别现实的目标。

提升学习效率的方法也十分丰富，证明了这一目标的可行性。例如，合理规划学习时间，创建良好的学习环境，利用有效的学习工具和方法，都是容易实现的策略。这些方法不仅简单易行，还能通过反复实践，逐渐转变为孩子的学习习惯。更重要的是，这些方法都可以根据孩子的具体情况进行个性化调整，从而进一步增强其实用性和效果。

此外，提升学习效率并不意味着孩子需要放弃所有的娱乐活动。相反，这一过程能够帮助他们在有限的时间和资源条件下取得更好的学习效果，同时保留一定的时间用于放松和休闲。这样的平衡不仅有助于提高学习成绩，还能让孩子在学习的过程中感受到更多的轻松和愉悦，减少挫败感和压力。

总而言之，提高学习效率是一个非常可行且高效的目标。通过科学的方法和策略，家长能够帮助孩子在现有的条件下，最大限度地发挥学习潜力，实现更大的进步。这不仅是家长支持孩子学业的最佳方式之一，也能够为孩子的长远发展打下坚实的基础。

高效率孩子的特征

你闭上眼睛回忆一下，在你认识的人里面，你觉得谁是工作或者学习效率最高的？你有没有发现有些人看起来学习或者工作并不费劲，或者平时也在娱乐，但效率特别高，成果特别多。不管是成年人工作，还是孩子们学习，总有一些人的工作与学习效率让人印象深刻。那么高效学习的孩子都有哪些特征呢？

学知识的速度特别快

高效学习的孩子，学知识的速度特别快。你可能对有些孩子的学习特点印象深刻，我经常听有些家长跟我说，孩子班上的某些同学学知识特别快，记忆力特别好，经常是一学就会。这其实就是我们平时说的学习速度快，这是高效学习者的特征之一。从不会到学会的速度越快，单位时间内能学习的新知识就越多。这样学习的消耗自然就小，效率自然也就高了。所以高效学习者的第一个特点就是学知识很快。当然，学知识快也不完全是效率的问题，还与学习能力、学习基础以及学习的方法策略有关。但是如果一个孩子学什么知识都比别人要快，那么一定是因为他具备高效的学习效率。

举个例子，小明是班上公认的"学霸"，他的学习速度让同学们羡慕不已。每次新课一开始，小明总能迅速抓住老师讲解的重点，课后通过少量的复习就能牢牢记住新知识。而他的同学小李则需要花费更多的时间反复看教材、做习题，才能达到同样的掌握程度。

合理利用时间的能力强

高效学习的孩子，合理利用时间的能力非常强。我举个例子，一群孩子去森林里摘果子，要求看谁在两小时内摘的果子更多，这时高效利用时间就显得非常重要。有些树的果子少，还长在很高的树枝上，可能摘下来需要很长时间，两小时可能只能摘一个果子。而有些果树本身就有很多果子，找到这棵果树，然后摇一摇，它就能掉下来很多果子。同样是两小时，同样非常努力、同样体力和智力的孩子，选择将时间花在哪棵果树上，结果将大不一样。同样地，孩子将自己的时间合理且高效地分配给不同的学习任务，能帮助自己更好地取得学习进步，而这是一种时间规划与决策的能力，这种能力也是高效学习者的特点之一。

如何规划学习时间，如何在众多学习任务与信息中，始终聚焦可以继续进步的方向去坚持努力？高效学习的孩子总能找到取得学习进步的切入点与突破口，而这个过程离不开对学习任务的精准选择和合理安排。教育心理学中的"最近发展区"理论提供了一个重要的思路：我们要基于孩子当前的学习水平，找到那些通过努力可以掌握的任务。这种对学习任务的精准选择不仅有助于提升学习效果，也为合理规划学习时间提供了科学依据。

> 例如，小红每天回家后会先梳理当天的学习任务，根据她的学习进度和目标，将难度适中的任务安排在专注度最高的时间段内。她先完成当天的作业，然后利用剩余时间对稍有困难但可以通过努力掌握的内容进行复习或预习。这种安排结合了任务的难度与她的精力状态，使得她的学习效率显著提升。不仅如此，她还会把较大的学习任务分解成易于完成的小任务，合理分配到不同的时间段，从而保证学习的持续性和进步性。这样的规划不仅帮助她高效完成学习任务，还让她有时间探索其他有助于学习的活动，实现全面发展。

注意力集中,抗干扰能力强

高效学习的孩子通常有很强的注意力集中能力和抗干扰能力。在学习过程中,他们能够排除各种干扰,专注于手头的任务,不轻易分心。这种高水平的专注力让他们能在较短的时间内就可以完成更多的学习任务,从而提高学习效率。比如,在一个嘈杂的环境中,有些孩子仍能全神贯注地做作业,而不会因为周围的噪声而分心。这样的专注能力使他们在学习时更加高效,成果也更加显著。

> 例如,小刚在家学习时,总是能屏蔽掉周围的杂音和干扰,全神贯注地做作业。他的弟弟在旁边玩游戏、大声说话,但小刚却丝毫不受影响,仍然专注于书本上的内容。这种高度集中的注意力使得小刚能够在较短的时间内完成作业,并且质量很高。

主动纠错和自主觉察能力强

最后,高效学习者都有强大的主动纠错能力,以及强大的自主觉察能力。很多孩子的学习都是被动的,唯一的学习目标就是完成老师与家长布置的任务,从而换取自己玩手机、玩游戏的时间。所以这些孩子的学习都是被动的、交换式的学习,不会有良好的学习效率,更没有实时监测学习效果,还没有及时纠错与反思的能力。高效学习者会始终明白自己学习的目的,始终在过程中问自己还有没有更好的方法来实现这些学习目标,遇到问题会立刻想办法纠错,尽可能让学习中的问题得到及时解决。

例如，小明在学习过程中，总是会在做完作业后主动检查一遍。他会找出自己做错的题目，并且认真分析错误原因，再次进行练习，直到完全掌握为止。小明还会定期总结自己的学习方法，看看哪些方法有效，哪些需要改进。这样的主动纠错和反思的能力，使得小明的学习效率大大提高，每次考试成绩都名列前茅。

具备这些特征的孩子不仅学习成绩优秀，而且在学习过程中也能感受到更多的乐趣和成就感。因此，家长在帮助孩子提升学习效率时，可以参考这些高效学习者的特征，从而找到适合自己孩子的方法和策略。

如何提升孩子的学习效率

学习前的准备

在孩子开始学习之前，做好充分的准备工作至关重要。就像竞技体育比赛前的准备阶段一样，只有做好了准备，孩子才能在真正学习的时候火力全开。学习前的准备主要包括学习任务的准备、认知的准备和学习状态的准备。

1. 学习任务的准备

明确学习任务和目标是提高学习效率的第一步。孩子需要知道接下来要学什么，目标是什么，以及如何实现这些目标。具体来说，学习任务的准备包括以下几点。

（1）学习内容

孩子需要清楚接下来要学习的具体内容，这可以通过制订详细的学习计划来实现。例如，今天要完成哪几章的阅读，哪些题目需要练习等。家长可以和孩子一起制订详细的学习计划，每天列出明确的学习任务清单，让孩子清楚知道今天要完成哪些具体任务。

（2）学习目的

了解每项学习任务的目的是什么，是为了考试准备，还是为了巩固知识，或者是为了掌握新技能？明确的目的可以增加学习的动力。家长可以向孩子解释每项任务的意义，例如"完成这些练习题是为了更好地准备即将到来的考试"，并帮助孩子设定明确的学习目标，如"今天我要完成数学作业中的前5题"。

（3）掌握情况

评估孩子目前对这些学习内容的掌握情况，知道哪些是已经掌握的，哪些是需要重点学习的。这样可以让孩子有针对性地学习，避免浪费时间在已经熟练的内容上。家长可以引导孩子对自己已经掌握的内容和需要加强的部分进行自我评估，根据评估结果，重点学习还未掌握的内容。

（4）时间规划

估算完成这些学习任务大概需要多少时间，并安排在学习计划中。这样，孩子可以有一个明确的时间框架，不会感到任务无止境。家长可以帮助孩子将学习时间分成不同的时间块，每个时间块内专注于一个具体任务。中间可以安排短暂的休息时间，以保持学习的高效性。

（5）学习策略

讨论和选择合适的学习策略。例如，对于需要记忆的内容，可以采用记忆卡片或思维导图的方法；对于需要理解的概念，可以采用讲解和讨论的方法；对于需要掌握的技能，可以采用反复练习和做题的方法。家长可以和孩子讨论不同的学习方法，鼓励孩子尝试不同的学习策略，找到最适合自己的方法和策略。

2. 认知的准备

在学习之前，孩子需要进行一些认知方面的心理准备工作，这种准备是基于本次具体学习任务的。孩子需要对接下来的学习内容有一个心理预期，这能帮助他更好地掌握学习内容，提高学习效率。

（1）学习态度

孩子对学习的态度会直接影响他们的学习效率。为了帮助孩子树立积极的学习态度，家长可以尝试通过呈现生活中的实际情境来让孩子感受到学习的意义。例如，当孩子对英语单词记忆表现出厌倦时，家长可以结合孩子感兴趣的事物，说道："当你能记住这些单词时，就可以轻松看懂喜欢的外语动画片或漫画，甚至可以和外国朋友交流。"同时，家长也可以通过共情的方式鼓励孩子，例如："我知道这些单词很多，看起来有点儿麻烦，但我们可以一起找一种更有趣的记忆方法，比如画图或者编故事。"通过将学习内容与孩子的兴趣和实际生活相结合，孩子会更容易从内心感受到学习的价值，从而以更加积极的态度面对学习任务。

（2）认知情绪调节

孩子的情绪状态对认知功能的发挥具有重要影响，例如注意力的集中程度、记忆的稳固性以及思维的流畅性。为了帮助孩子在学习任务中充分发挥认知能力，家长可以通过情绪调节策略来优化他们的认知表现。

例如，如果今天的学习任务是写一篇作文，而孩子因为感到任务难度大而变得焦虑，家长可以引导他们将焦虑视为正常的反应，并使用认知策略将任务分解为几个小步骤，例如，先写出开头，然后逐步补充中间段落。这种分解任务的方法能有效缓解情绪压力，帮助孩子专注于当前的学习目标。此外，家长还可以通过帮助孩子进行深呼吸或轻松的身体活动，促进他们的大脑血液循环，从而提升认知能力。

同时，家长可以向孩子解释情绪与认知之间的关系，例如"当你感到心情平静的时候，大脑会更容易想出好点子"。这种对情绪认知关系的理解，不仅能帮助孩子更好地面对学习任务，还能为他们未来的自主学习打下基础。

通过认知情绪调节，孩子不仅能更有效地完成学习任务，还能提升整体的学习体验。这种方法可以为认知的准备提供重要支持。

（3）预期管理

在学习过程中，孩子需要不断做好对学习的预期管理。家长可以帮助孩子做好合理的学习预期。例如每项学习任务需要的大概时间、学习任务的难度等。在学习中，孩子如果对学习任务的时长、难度预期有偏差，或者对自己完成这些学习任务的能力以及困难程度的预期有偏差，都会在学习过程中导致新的困难。所以家长在孩子的学习过程中，要经常跟孩子交流，引导孩子进行合理的预期。此外还要帮助孩子管理好关于学习后反馈的预期，这样孩子就能对学习过程有较为准确的把控。

3. 学习状态的准备

良好的学习状态是高效学习的基础。孩子在开始学习之前，需要调整自己的身心状态，确保能够全身心投入到学习中。

（1）环境准备

为孩子提供一个安静、整洁的学习环境，减少干扰。一个安静的房间、整洁的书桌，都能让孩子更专注于学习。让孩子自己布置学习区域，这样他们会更有责任感和投入感。

（2）心理准备

孩子的心态直接影响他们的学习效率。积极的心态能够激发学习的动力。家长可以通过鼓励和支持，帮助孩子树立自信心。例如，在孩子开始学习前，可以和他们聊聊今天要完成的任务，并表达对他们的信任和期待，比如对他们说："我知道你可以做到。"这样简单的话语，可以让孩子感到被支持和鼓励。

（3）激发学习动力

首先需要激发孩子的学习动力。孩子需要明白为什么要学习。家长可以通过与孩子讨论他们的兴趣和未来的目标，帮助他们理解学习的意义。例如对他们说："学习数学可以帮助你更好地理解你喜欢的电子游戏中的逻辑。"明确学习要求也是关键。让孩子清楚每次学习的具体要求，明确每天的学习任务和目标。这样，孩子知道自己需要完成什么，更容易集中注意力。

（4）设定适当的期望

根据孩子的能力设定适当的期望，使任务看起来是可以完成的，而不是过于困难的。逐步提高难度，才能帮助他们建立自信。给他们一些自主权，可以提高他们的主动性和积极性。例如，可以让孩子选择学习的顺序或者选择一些他们感兴趣的题目。

（5）适当的"讨价还价"

在合理范围内允许孩子对学习任务进行一定的"讨价还价"，让他们感到有参与感。例如，可以和孩子商量："如果你能在半小时内完成这部分作业，我们就可以一起玩一会儿你喜欢的游戏。"

(6) 身体准备

确保孩子在学习前有充足的休息和适当的饮食，避免让孩子在饥饿或疲劳的状态下学习，因为这会严重影响他们的注意力和学习效果。关掉电视和手机等电子设备，减少外界的干扰。为孩子准备好所有学习所需的文具和材料，避免频繁中断学习过程。

通过这些具体的准备，孩子能够在学习时保持良好的精神状态和身体状态，从而更有效地进行学习。这不仅是科学研究的结论，也是许多成功经验的总结。

提升孩子学习效率的学习前准备清单

在一次讲座中，我分享了上述提升孩子学习效率的建议。之后，一个家长按照这些建议，结合自家孩子的情况，制定了一份学习前准备清单。这份清单不仅切实可行，而且效果显著，我决定将其分享给大家，希望对更多的家长和孩子有所帮助。

- **设立 15 分钟的准备期**。在正式学习前，留出 15 分钟的时间进行专项准备。这段时间可以用于整理书桌、准备学习材料和文具，清理桌面，准备好需要的书本、笔记本、文具等，确保一切就绪，这样可以避免在学习过程中频繁起身找东西。
- **制订每日学习计划**。和孩子一起制订当天的学习计划，明确要完成的任务和目标。列出详细的任务清单，让孩子清楚今天要完成哪些具体内容。例如，今天的任务清单可能包括完成数学作业，阅读一章历史课本，练习英语听力等。将任务具体化，避免泛泛而谈。

- **分配合理的时间块**。将学习时间分成多个小时间块，并为每个时间块安排具体的任务。

  16:00～16:20：完成数学作业的前5题。
  16:20～16:30：休息10分钟，可以吃点儿健康的小零食。
  16:30～16:50：阅读课文并做笔记。
  16:50～17:00：再次休息10分钟，进行简单的伸展运动。
  17:00～17:20：做科学实验的预习。

- **检查学习环境**。在正式学习前，确保学习环境安静、整洁，无干扰。关闭电视和手机，避免分心。
- **预习学习材料**。在正式学习前，引导孩子预习学习材料，了解大概内容，标记不懂的地方，以便在上课或正式学习时更有针对性。
- **准备健康的小零食和水**。学习前准备一些健康的小零食，如坚果、酸奶、蔬菜棒、水果片等，保持充足的水分，让孩子在学习间隙能够快速补充能量，但要避免高糖、高脂肪食品。
- **设定学习目标和奖励机制**。帮助孩子设定具体的学习目标，例如"今天要完成数学作业中的前5题，并理解每道题的解题思路"。在目标实现后给予适当的奖励和鼓励。例如，可以在完成作业后看一集喜欢的动画片，以此作为奖励。

- **设置学习仪式**。每天开始学习前进行几分钟的深呼吸或轻微的伸展运动，帮助孩子放松身心、集中注意力。这可以成为一个固定的学习仪式，帮助孩子进入学习状态。
- **参与决策和讨论**。让孩子参与到学习计划的制订中，给他们一些自主权。例如，可以让孩子选择学习的顺序或者选择一些他们感兴趣的题目，提高他们的主动性和积极性。

学习过程中的效率提升方法论

学习过程其实就是孩子、学习任务和时间三者的综合活动。在有限的时间内，如何更高效地安排学习任务，让孩子的知识得到增加、学习得到进步，是每个家长和孩子都关心的问题。以下是一些提升学习效率的方法论，帮助孩子在学习过程中取得更好的效果。

1. 学习过程的科学规律

从孩子学知识的视角来看，学习过程其实就是将外在的知识转化为自己知识体系的一部分，并在未来的作业或考试中能够运用这些知识来解决问题。这就是学习的本质过程。学习效率的提升，就是要在这个过程中发现哪些因素和环节影响效率，然后用科学的方法解决这些问题。

在现实中，家长们常常会发现孩子在学习中存在效率低下的现象。其中，注意力分散是一个主要问题，孩子在学习过程中容易由于周围环境或其他事情而分心，导致学习效率低下。缺乏有效的学习方法也是一个常见问题，很多孩子不知道如何高效学习，常常采用死记硬背的方法，导致学习效果不理想。第三个问题是学习动力不足，孩子对学习缺乏兴趣，常常感到学习枯燥乏味，这可能是由于缺乏明确的学习目标和成就感。最后一点是时间管理不善，孩子在学习过程中不能合理安排时间，导致任务堆积或时间浪费。

2. 提升学习效率的具体建议

（1）针对问题一：注意力分散——集中认知资源

高效学习需要孩子将所有精力和注意力集中在当前的学习任务上。集中认知资源就能实现这一点，使孩子屏蔽任何干扰。选择性注意在其中非常重要，它帮助孩子专注于当前的学习任务，避免被无关的信息分散注意力。

家长可以教孩子一些集中注意力的小技巧，比如深呼吸、冥想，或者设定短时间内完成小任务的目标，这样能帮助孩子更好地集中注意力。

此外，元认知也是一个重要的概念。简单来说，元认知就是孩子对自己学习过程的认识和调节。比如，孩子在学习过程中，可以自我反思和调整，发现自己对哪些地方没有理解透彻，然后及时调整学习策略。这种自我监控和调节的能力，对于提高学习效率非常重要。

> 举例来说，孩子在做数学作业时，如果能专心致志，不被手机或电视干扰，效率会大大提高。而在学习过程中，孩子可以自我反思：如果某个题目不理解，可以及时翻看教材或请教老师，而不是一味地跳过。

(2)针对问题二：缺乏有效方法——以最小学习单元为单位学习

每次只学最小的一个知识点，把知识点学透。这种方法基于孩子已有的知识基础，找到一个最佳的新增长点。也就是说，基于目前已经掌握的知识，寻找最容易进一步掌握的学习内容，从而基于最近发展区，用最小的学习单元完成知识扩充，这样就形成了稳步的进步。

具体来说，孩子在学习过程中，要尽可能把学习任务分解成最小学习单元，从自己已经掌握的学习内容出发，来延伸完成学习。这种方法不仅能帮助孩子逐步积累知识，还能增强他们的信心和成就感。

> 举例来说，学习数学时，可以将一个大的概念拆分成多个小知识点，先掌握基础的定义和公式，再逐步学习例题和变式题。通过这样的小步快跑，孩子在每个知识点上都能有扎实的理解和掌握。

(3)针对问题三：学习动力不足——学习过程中不断明确学习目标

在学习过程中，家长可以和孩子一起不断地确认每天要完成的任务和目标，这样可以增强孩子的学习动力和成就感。及时的反馈也非常重要。学习过程中，家长可以在孩子完成任务后给予鼓励和建议，帮助孩子找到不足并加以改进。这种学习闭环不仅能帮助孩子更有效地学习，还能增强他们的学习动力和成就感。

举例来说,如果今天的任务是完成一篇英语作文,可以先和孩子一起分解任务:第一步列提纲,第二步写主体段落,最后进行检查修改。每完成一步,给予适当的鼓励,比如说"你的提纲很有条理,真棒"。这样的过程能让孩子始终保持明确的学习目标和持续的学习动力。

(4)针对问题四:时间管理不善——高效规划学习单元时间

每个学习单元的时间都需要合理规划。在初次学习时,确保每个单元的重点内容都被孩子所掌握,同时利用分期和定期巩固的方法来对抗遗忘。这样不仅可以提高学习效率,还能避免反复学习同样的内容。

具体来说,可以通过合理安排时间,将学习时间分配为专注学习和短暂休息的交替模式(如番茄钟学习法)。此外,在学习过程中,可以记录需要后续巩固的内容,以便在复习时高效安排时间。

举例来说,孩子在学习数学时,可以用前20分钟专注学习一个新的公式,接下来5分钟休息放松。然后再用15分钟巩固练习,确保新知识点已经被掌握。通过这种合理的时间规划,孩子不仅能高效完成任务,还能减轻长时间学习的疲惫感。

学习后的效率提升策略

学习后的复盘和调整是提升学习效率的重要环节。就像一场比赛结束后,需要总结比赛过程,分析哪些方法有效、哪些需要改进。同样的道理,学习后及时整理和调整是让孩子在未来的学习中更轻松、更高效的关键。以下是几种具体的策略,帮助孩子在学习后更好地巩固和提升所学内容。

1. 学完及时整理知识体系

学完一个单元后,及时整理和反思所学内容,形成系统的知识体系。许多孩子在学习时,往往把完成作业或上完课当成最重要的目标,而忽略了对所学知识的理解和内化。学习的真正目标应该是学会和学懂知识,而不是仅仅完成任务。

具体来说,每次学完一个单元后,孩子需要对所学内容进行整理和反思。这个过程可以通过比对学习前的知识体系、计划在这一个时间段内学什么、检查是否实现了目标来进行。也就是说,通过及时复盘、随时复盘、每天复盘,来检查学习效果。

> 例如,上完一节数学课后,孩子可以花几分钟时间整理笔记,将所学知识点归纳总结,并将其融入已有的知识体系中。如果今天学的是分数的加减法,可以回顾分数的基本概念,然后总结分数加减法的步骤和注意事项,最后将这些内容与之前学过的加减法知识进行联系。

总之,通过及时整理和反思,孩子可以更好地内化所学知识,形成系统的知识体系,从而提高学习效率。

2. 通过及时的评练测来知道自己学习的质量效果

定期评估和测试学习效果,及时发现问题并调整学习策略。

学习过程中，孩子需要通过评估和测试来了解自己掌握知识的程度，以及学习过程中存在的问题。及时的评练测可以帮助孩子发现薄弱环节，并进行针对性的补救和调整。

具体方法包括定期进行小测验、练习题，请家长或老师进行口头提问和检查。通过这些评估手段，孩子可以了解自己的学习效果，发现哪些知识点还没有掌握，哪些地方需要进一步加强。

> 例如，孩子在学完一章历史后，可以通过做一些练习题来测试自己对历史事件和时间线的掌握程度。如果发现某些事件的细节记不清楚，可以重新阅读相关内容并进行补充。

总之，通过及时的评估和测试，孩子可以了解自己的学习效果，并根据评估结果进行针对性的调整，确保每个知识点都能扎实掌握。

3. 发现促进自己的进步因素、找到可重复的成功要点

发现和总结促进自己的进步因素、找到可重复的成功经验，以促进持续进步。在学习过程中，孩子会逐渐发现哪些方法和策略对自己最有效。总结这些成功的经验和做法，并将其应用到未来的学习中，可以有效提高学习效率。

具体来说，孩子可以在每次复盘时记录下哪些学习方法和策略对自己帮助最大，哪些方法让自己理解更透彻、记忆更牢固。通过不断总结和借鉴这些成功经验，孩子可以形成一套适合自己的高效学习方法。

> 例如，孩子发现自己在背诵单词时，使用记忆卡片和定期复习的方法效果最好，那么在未来的学习中，可以继续使用这些方法，并在其他科目中尝试应用类似的策略。

总之，通过总结和沿用自己的成功经验，孩子可以不断优化自己的学习方法，形成一套高效的学习策略，从而持续取得进步。

通过这些具体的策略，孩子可以在学习后更好地巩固和提升所学内容，形成系统的知识体系，并不断优化学习方法和策略，从而实现高效学习。

本章总结

1. 提高孩子学习效率的重要性

- **效率提升的核心作用**：解决"努力无效"的学习困境，促进孩子从"1 到 50"的转变。
- **效率的长期影响**：学习效率在长期学习中的累积作用，决定孩子学习成果的差异。
- **效率多维影响**：学习效率涉及多个环节、环境和人群的协同。
- **效率的关键思维**：优化现有资源和条件，实现学习成果最大化。

2. 提高孩子学习效率的可行性

- **简单易行**：效率提升无须额外付出更多努力，而是通过科学调整实现。
- **家长的支持作用**：家长的科学指导能有效减少孩子的学习压力，增加学习乐趣。
- **策略多样性**：通过时间管理、环境优化和科学学习方法，轻松提升孩子的效率。
- **学习与娱乐的平衡**：在有限时间内实现学习和休闲的有效兼顾。

3. 高效率孩子的特征

- **学知识的速度快**：通过迅速掌握新知识实现效率提升。
- **合理利用时间的能力强**：以"最近发展区"为理论基础，精准选择学习任务。

- **注意力集中，抗干扰能力强**：通过专注力和抗干扰能力缩短任务完成时间。
- **主动纠错和自主觉察能力强**：自主监控学习进程，及时调整策略后解决问题。

4. 如何提升孩子的学习效率

- **学习前的准备**
  - **学习任务的准备**：明确学习内容、目的、掌握情况、时间规划及学习策略。
  - **认知的准备**：树立积极学习态度，调节情绪，合理管理预期。
  - **学习状态的准备**：提供安静整洁的环境，调整心理状态，激发学习动力，设定合理期望，适当"讨价还价"及身体准备。
- **学习过程中的效率提升方法论**
  - **注意力分散**：集中认知资源，培养元认知能力。
  - **缺乏有效方法**：以最小学习单元为单位逐步推进。
  - **学习动力不足**：明确学习目标，提供及时反馈。
  - **时间管理不善**：规划学习单元时间，结合分期和定期巩固策略。
- **学习后的效率提升策略**
  - **及时整理知识体系**：学完后整理笔记，形成系统化知识体系。
  - **通过评练测巩固学习效果**：定期小测评和练习，发现薄弱环节并及时补救和调整。
  - **找到可重复的成功要点**：总结并优化有效学习策略，从而持续取得进步。

第 7 章

学习能力的内在认知体系

> **案例导入**
>
> ### 信息加工过程中的关键
>
> 小张是一个中学生,最近他在数学和语文这两门功课上总感觉很吃力。每次考试之前,他会花大量时间在复习上,但成绩总是无法提高,他越来越迷茫了。尤其是数学,他明明在课本上看过每一道题,但考试时却常常忘记做法或是因细节而困扰。每次他向父母抱怨说自己复习了很久,却还是没能取得好成绩时,父母也感到无比困惑。"他是不是学不进去?为什么做了这么多题,反而没有进步?"这是许多家长心中的疑问。
>
> 事实上,小张面临的问题并非单纯的"记不住",而是他在学习过程中对信息的加工和应用出了问题。学习不仅仅是死记硬背,也不仅仅是机械的练习,它还涉及如何理解、加工和运用信息。换句话说,学习的真正挑战在于如何将输入的大量知识转化为能在实际情境中有效使用的信息,而小张的困惑恰

恰反映了信息加工过程中的障碍。

无论是语文还是数学，孩子们都需要在大脑中将知识和技巧通过合理的信息加工过程转化为自己的能力。这一过程的效率，直接决定了他们在考试中的表现。正因为如此，单纯的做题和重复并不能提高学习效果，关键在于如何让孩子的大脑高效地加工和储存这些信息。

学习背后的认知规律

在帮助孩子学习时，我们往往关注他们是否花了足够的时间和精力，但你可能忽略了学习背后的"隐形力量"——大脑如何接收、加工和储存这些学习信息。这些认知过程直接决定了孩子学习的效率。孩子们学习知识的过程，是一个不断构建意义与经验的过程。从看到、听到、感觉到知识信息的第一秒开始，他们就在不断地感受这些知识到底是什么，在表达什么，与自己已有的知识体系如何衔接、整合，如何把这些知识保留在大脑中，以及如何在未来使用这些知识。所以要理解孩子学习的内在过程，就要理解信息是如何被大脑接收和加工的、记忆与遗忘的机制，以及如何帮助孩子理解和记住关键的信息、技能和思想。孩子掌握了学习时大脑内发生了什么，就能更有效地使用他们的大脑来学习、记忆和应用知识与技能。

书本上的信息，首先要引起孩子的注意，然后大脑通过记忆和理解的过程，将这些知识转化为内在的认知网络的一部分。这个过程看似简单，但实际涉及多个环节的有效配合。

我们通常将学习分为几个阶段：从最初的简单记忆，到更深层次的理解，再到灵活运用的阶段。不同学习任务对孩子的认知资源要求不同，理解这一点可以帮助家长更好地支持孩子。

学习信息的处理与学习效率

在孩子的学习过程中，让知识真正被大脑吸收并转化为孩子的知识经验，是提高学习效率的关键。首先，我们要明白什么是"学习信息"。**学习信息**指的是孩子在学习过程中接触到的所有内容，包括书本上的知识、老师讲解的内容，以及通过作业或练习得到的反馈。这些信息通过不同的方式进入孩子的大脑，并经过处理，最终变成他们可以理解和应用的知识。

学习信息的整个处理过程可以分为四个环节：**信息输入、信息加工、信息储存**，以及**信息执行**。这四个环节相互关联，直接影响孩子的学习表现。

1. 信息输入

首先，学习信息通过感觉（如视觉、听觉）进入大脑。孩子的注意力决定了信息能否顺利进入大脑。如果孩子学习时分心（如一边做作业一边玩手机），无关信息就会干扰这个过程。因此，家长可以帮助孩子创造一个安静的学习环境，减少干扰，让重要信息顺利输入大脑。

2. 信息加工

进入大脑的学习信息，接下来会被加工、理解并与已有的知识联系起来。这是信息加工的环节。家长可以通过引导孩子将新信息与已有的背景知识联系起来，帮助他们更好地理解和吸收。

例如，孩子学习新的数学题时，如果能够帮助他们将题目与以前学过的公式结合，他们的理解能力就会大大提高。

3. 信息储存

通过有效的复述和反复练习，信息会从工作记忆转移到长时记忆中。长时记忆是孩子学习的"仓库"，能储存大量信息。当孩子反复复习或实际应用学到的知识时，信息会被巩固，储存在长时记忆中，并且可以在考试等情境中被快速提取出来。

4. 信息执行

即使信息被成功储存在长时记忆中，孩子在实际应用时仍需要执行。也就是说，孩子要能够从长时记忆中快速调取并运用知识，例如在考试中应用公式解题。执行不仅仅依赖记忆储存，还涉及将长时记忆中的知识与当前问题结合，帮助孩子解决复杂问题。这就是为什么那些经过反复练习的知识，更容易被孩子在实际应用中调用。

通过这四个环节的有效运行，孩子不仅能够更好地记住知识，还能灵活运用所学内容。家长的任务是帮助孩子优化每个环节的学习策略，包括从环境控制到学习方法的引导，提升整体学习效率。

学习信息处理环节一：学习信息的输入

孩子的感觉（如视觉、听觉等）是知识进入大脑的入口。如果孩子在学习时一边看书一边玩手机，大量无关信息会干扰学习信息的输入，影响到学习效率。因此，家长需要为孩子创造一个安静、能够专注的学习环境，减少干扰，帮助孩子专注在重要的学习内容上。这时，学习的环境和孩子的注意力控制尤为关键。

学习信息的感知登记

学习信息的感知登记是孩子的大脑处理学习信息的第一步，大脑通过视觉、听觉等感觉接收外界的海量信息，但只有一部分信息会进入大脑的意识层面。这就像是对各种信息进行筛选，只有重要的内容才能继续进入下一步的加工环节。

举个例子，孩子在做数学作业时，如果被电视的声音或手机的通知不断干扰，他们的注意力就会转移，导致重要的学习信息被忽视，没有被有效记录下来。因此，家长的任务是帮助孩子过滤掉这些干扰，确保学习信息能够顺利进入大脑，并最终储存在长时记忆中。

提升学习信息感知登记效率的方法

学习信息的感知登记不仅是被动接收信息的过程，还包括对信息的筛选和心理解释。孩子感知学习信息的能力会受到生活经验、动力、情感等多种因素的影响。因此，家长可以通过以下方法帮助孩子提升学习信息的感知效率。

1. 创造有利的学习环境

减少感觉刺激，确保孩子在学习时不被外界干扰。例如，关掉电视、移走手机或在安静的环境中学习。一个能够专注的环境可以帮助孩子更高效地感知和处理学习信息。

2. 明确学习目标

在每次学习之前，和孩子一起明确当天的学习目标，让他们知道需要重点关注哪些信息。例如，"今天我们要重点理解这个数学概念，它会在后面的习题中反复出现"。清晰的目标能帮助孩子集中注意力，提高学习效率。

3. 调动情感共鸣

引导孩子对学习内容产生兴趣，或将学习内容与他们感兴趣的事物联系起来。例如，"这部分内容会出现在明天的测验中"或"这个知识点可以帮你更快解决游戏中的逻辑题"。这样的引导可以帮助孩子建立与学习内容的情感联系，更容易保持专注。

4. 及时调整学习状态

如果孩子显得不安或注意力分散，家长可以通过改变学习环境、引入短暂休息或轻声提醒，帮助他们重新聚焦学习任务。

通过这些方法，家长可以有效引导孩子学会有选择性地关注重要内容，避免分散注意力，从而提升整体学习效率。

学习信息处理环节二：学习信息的加工

学习信息的加工依赖于工作记忆

工作记忆（或短时记忆）是孩子大脑加工学习信息的核心。 当孩子学习时，信息会从感知系统进入工作记忆。

在孩子的学习过程中，工作记忆是一个短期储存信息的系统，专门加工他们当下正在思考的内容。它不仅仅是记住信息的地方，更是将新信息和已有知识联系起来的关键环节。工作记忆的容量有限，加工效率决定了孩子能否有效吸收新知识。研究表明，工作记忆的容量与智力有密切关系[一]，因为它在学习过程中起到核心作用，帮助孩子组织、加工和储存信息，最终影响他们的学习效果。

孩子的学习能力和效率在很大程度上依赖于工作记忆的运作。如果孩子注意力不集中或受到干扰，工作记忆的容量就会被占用，导致重要的学习信息无法得到充分加工。例如，孩子在做作业时，如果不断被手机或其他娱乐分散注意力，他们的工作记忆容量很容易被不相关的信息填满，导致重要学习内容被忽略。

提升孩子工作记忆的有效策略

工作记忆是孩子加工新信息的临时储存器，对学习效率有重要影响。由于其容量有限，优化工作记忆能够显著提高孩子的学习效果。以下策略可帮助孩子更好地利用工作记忆，从而实现学习效率的提升。

1. 复述与分块学习

- **复述**：帮助孩子记住信息的一个有效方法是鼓励他们复述刚学到的内容。复述可以让信息在大脑中停留更久，从而有更大机会转移到长时记忆中。例如，孩子在背诵知识点时，可以通过重复默念的方式巩固记忆。
- **分块学习**：将复杂的学习任务分解为小块，有助于减轻工作记忆的负担。例如，在写"气候变化"相关作文时，可以先

[一] ENGLE R W, TUHOLSKI S W, LAUGHLIN J E, et al. Working memory, short-term memory, and general fluid intelligence: a latent-variable approach[J]. Journal of experimental psychology: General, 1999, 128(3): 309-331.

让孩子理解气候变化的定义，再逐步分析原因和影响。逐步加工任务能够确保每个部分都得到有效加工和记忆。

2. 丰富背景知识

背景知识的丰富程度直接影响孩子吸收新信息的效率。家长可以通过以下方式帮助孩子拓展背景知识。

- **提前为学习主题准备资料**，例如纪录片、新闻或互动游戏。
- **在学习新概念时，引导孩子将已有知识与新内容联系起来**。比如，在学习"气候变化"时，孩子若已有相关的背景知识，就能更轻松地理解新信息并与已有知识整合。背景知识越丰富，孩子越能高效利用工作记忆。

3. 优化学习环境

减少干扰，确保学习环境安静、有序，可以显著提高孩子对学习任务的专注度。例如，移除手机或关掉电视，为孩子创造专注学习的条件。

4. 帮助建立联系

引导孩子将新知识与已有知识联系起来，帮助他们更好地理解和记忆学习内容。比如，在学习新公式时，可以鼓励孩子将其与之前的知识框架关联起来，这不仅能增强孩子的记忆深度，也能提升他们的知识应用能力。

5. 设置明确的学习目标

学习前，与孩子一起明确学习目标，帮助他们有针对性地关注重要信息。例如对孩子说："今天的目标是理解这个数学概念，因为它会在接下来的习题中被反复用到。"清晰的目标能帮助孩子优化工作记忆的使用。

通过以上策略，家长不仅能帮助孩子有效提升工作记忆能力，还能优化学习环境和学习方法，使孩子在完成学习任务时更加高效有序。这些方法将为孩子的长时记忆形成和运用奠定坚实的基础。

学习信息处理环节三：学习信息的储存

家长们经常会问："为什么我的孩子明明背了很多知识，但考试时总是答不出来？"其实，这个问题的核心在于长时记忆的巩固和调取。知识首先得进入长时记忆，而且即使进入长时记忆，也并不意味着孩子能够随时调出来运用。如果孩子没有反复复习或实际应用，知识就像被"藏在图书馆里的书"，虽然存在，却找不到。因此，仅仅让孩子背书是不够的，他们需要通过反复的复习、应用来巩固这些知识。

长时记忆是孩子大脑中储存学习信息的"仓库"。这个仓库容量很大，能保存孩子学习过的知识、技巧，甚至思维模式。虽然我们可能不会"忘记"这些信息，但有时会暂时找不到它们，就像在图书馆里找书，书还在，但可能一时找不到。

长时记忆的功能不仅仅是储存知识，还能帮助孩子快速调用学过的内容，比如做数学题时调取公式。这就是为什么经验丰富的专家能够快速处理复杂问题，因为他们的长时记忆中储存了大量信息，并且这些信息已经被多次使用和强化过。

那么，家长如何帮助孩子巩固长时记忆？以下是一些方法。

- **定期复习**：帮助孩子制订复习计划，定期回顾以前学过的内容，尤其是那些考试中常出现的重点内容。通过周期性复习，强化记忆。
- **与日常生活结合**：将学习内容与日常生活中的情境或问题联系起来，比如通过生活中的例子应用数学公式，让孩子对知识产生更深的理解和记忆。
- **实践和应用**：通过做题、讨论或实际操作来强化知识的应用能力。孩子应用这些知识越多，长时记忆中的信息就越容易被调出。鼓励孩子将学到的知识应用到实际生活中。例如，学了计算体积后，可以让孩子测量家里的物品，并计算它们的体积。通过实践，孩子不仅能更好地记住知识，还能理解它们在实际生活中的应用。

学习信息处理环节四：学习信息的执行

在孩子的学习过程中，信息处理并不是一个自动化的传送带，而是一个需要他们主动参与和控制的过程。简单来说，学习信息的**执行**就是孩子如何在学习中有效管理和利用已有的知识来解决问题。

举个例子，当孩子听说自己数学考试成绩不理想时，这个消息会进入他们的工作记忆，并且会让他们将长时记忆中的相关数学知识与这次考试的情感体验联系在一起。这种**执行过程**决定了孩子接下来会如何处理这个信息——是放弃还是找到问题并加以改进？

无论是主动的还是无意识的，**执行过程**在学习中都至关重要，它决定了孩子如何将信息从短时记忆转化为长时记忆，并最终应用于实际问题的解决。

举个例子，孩子在学习时，可能会遇到一个复杂的数学题。如果他们只是被动地看题目，缺乏主动处理的意识，那么这道题目很快就会从工作记忆中消失。但如果家长能够引导孩子去思考，对他们说"这道题和之前学的哪个知识点有关？你该如何解题"之类的话，那么，孩子的执行过程就会启动，将当前学习信息和长时记忆中的相关知识联系起来，帮助自己主动处理信息并最终解决问题。

在学习的执行过程中，孩子的大脑就像一个高效的指挥系统。当孩子专注于学习任务时，大脑会从长时记忆中提取相关信息并结合新知识，帮助形成新的理解和记忆。然而，如果学习过程没有明确的目标或干扰过多，执行过程的效果就会大打折扣。这就像一个生产过程，多个环节必须协调一致，才能确保最终成果的质量。

此外，在每次学习后，引导孩子进行反思也是一个好方法。让孩子回顾所学内容，并思考如何改进学习方法，能帮助他们更主动地管理自己的学习过程，让执行更有效。这种自我反思不仅能巩固他们的知识，还能培养孩子的学习主动性和解决问题的能力。结合这些方法，家长能有效帮助孩子优化学习过程，减少无效学习时间，让每一次学习更有成果。

例如，当孩子在做作业时，如果家长能够帮助他们设定明确的学习目标，他们的大脑就会专注于当前任务，从而提升执行过程的效果。而通过定期反思总结，孩子可以主动调整自己的学习策略，将所学知识更好地巩固在长时记忆中。

这一过程并不完全依赖于有意识的控制。比如，在考试没及格后，孩子会自动开始回想相关知识和这次考试的经历，从而推动认知加工。这说明，孩子需要一个良好的学习环境和节奏来支持大脑的执行过程，家长可以通过引导孩子使用有效的学习方法，让他们在学习时保持专注，并时刻关注自己在每个学习环节中的表现。执行过程是帮助孩子将注意力集中在学习上的关键，同时也是巩固长时记忆的重要途径。因此，家长可以通过帮助孩子合理规划学习任务、保持适度的学习节奏，以及引导孩子在学习后进行总结，来提升整体学习效果。这种主动的学习模式不仅能增强孩子的信息处理能力，还能提高他们的学习自信心。

家长可以从以下几点来帮助孩子提升学习信息的执行能力。

- **培养自我反思与总结的习惯**：引导孩子在每次学习结束后进行反思，回顾他们的学习过程和遇到的难点。通过定期总结，孩子可以更好地理解自己的学习策略，然后调整学习方法，增强学习效果。
- **建立良好的学习节奏**：确保孩子在学习过程中有适度的休息。例如，可以尝试番茄钟学习法，每学习25分钟休息5分钟，让大脑保持专注，并在每次休息时进行反思。这样不仅能提高学习效率，还能减少疲劳感。
- **引导孩子从错误中学习**：当孩子考试不理想时，帮助他们通过回顾错误、分析问题的原因，来找出改进的办法。这不仅能强化孩子的执行过程，还能让他们从失败中获取经验，增强学习信心。

通过这些方法，家长能帮助孩子更好地管理学习任务，提升他们的执行能力，使每次学习都能让孩子获得更大的进步和成果。

本章总结

1. 学习过程的核心是学习信息的处理

   - 学习不是机械地重复,而是一个信息处理的过程。孩子的学习效率取决于他们如何理解、加工和运用信息。学习信息的整个处理过程涉及从信息输入到长时记忆储存,再到实际应用的各个环节,每个环节都影响学习效果。

2. 学习背后的认知规律

   - 孩子学习的核心在于如何通过感知、记忆和理解将新信息转化为内在认知。学习是一个持续构建意义与经验的过程,从接收信息开始,大脑会对其不断进行加工并将其整合进已有的知识体系。

3. 学习信息的处理与学习效率

   - 提高学习效率的关键在于如何有效地处理学习信息。学习信息的处理包括四个环节:信息输入、信息加工、信息储存和信息执行。
     - **信息输入**:学习信息通过感觉输入,注意力和学习环境决定了信息是否能顺利进入大脑。
     - **信息加工**:输入的信息通过联系已有知识进行加工,帮助孩子更好地理解并吸收新知识。
     - **信息储存**:通过复习和练习,信息将从孩子的工作记忆转移到长时记忆中,成为孩子的知识储备。
- **信息执行**:将长时记忆中的知识应用于实际问题解决,是学习中至关重要的一步。

4. 提高学习信息处理效率的策略

- **优化学习环境**:减少干扰,创造能够专注的学习环境,帮助孩子将信息有效输入到大脑。
- **增强工作记忆**:通过复述、分块学习、丰富背景知识等策略,帮助孩子有效加工和储存信息。
- **加强长时记忆的巩固与应用**:通过定期复习、将学习与日常生活结合、实践应用来深度加工长时记忆中的知识,并提高其在实际问题中的应用。
- **培养执行能力**:通过引导孩子从错误中学习,建立良好的学习节奏和培养自我反思与总结的习惯,帮助孩子提高学习的主动性和执行能力。

本章通过详细分析学习信息处理过程的四个环节,为家长提供了具体的策略,以帮助孩子更好地处理和应用学习信息,最终提高学习效率并实现学习成果的最大化。

第 8 章

减少学习中的损耗

案例导入

小华是一个初中二年级的学生,每天放学后,他都按时坐到书桌前,准备开始学习。可是一段时间以来,尽管他每天都在努力做作业、复习课本,甚至还做了很多额外的练习,成绩却总是提升不上去。他的父母很困惑,小华明明付出了这么多时间和精力,为什么每次考试前,他还是觉得自己"什么都没学好",即使复习过的内容出现在试题中,小华也会出错。

有一天,小华的父亲在他做作业时发现,小华频繁拿起手机查看消息,或者好像在想与作业无关的事情。每当父亲提醒他集中精力,他就会回过神来,继续写作业,但又过了一会儿,又会被其他事情吸引。这种情况已经持续了好一段时间,尽管小华看似在每个学习环节都很努力,但他的进度和效率却差得令人沮丧。

这个问题的背后,正是"学习损耗"在作祟。小华每次学习时都在消耗自己的精力，然而这种损耗却并没有带来与之匹配的学习效果。手机的频繁干扰、注意力的频繁偏离、复习时过度重复无效内容，这些看似是日常的学习小问题，却不断消耗小华有限的精力和时间。正如一辆车行驶时，如果驾驶员频繁刹车，耗油量就会急剧增加，学习也一样，频繁的"注意力转移"与"时间浪费"在无形中增加了学习的损耗，最终导致学习效果的显著下降。

这类学习损耗不仅让小华感到无力，也让小华的家长产生困惑：明明每天都在"努力"，却始终看不到成效。小华的爸爸并不是唯一一个有这种困惑的家长。许多家长都会发现，孩子在学习上投入了大量时间和精力，却始终未能取得理想的成绩。这种无效学习不仅让孩子感到疲惫和失落，也让家长感到困惑和无奈。孩子的学习过程就像一场漫长的旅程，然而，路上那些看不见的损耗因素，却在无形中削弱了他们的努力和成果。

在这一章中，我们将探索如何帮助孩子识别和减少这些无形的损耗，通过优化学习习惯、提升专注力和有效管理学习过程，使孩子能够以更高效的方式利用自己的时间和精力，达到更好的学习效果。

学习是一场旅程，
减少损耗方可到达理想的目的地

你是否遇到过这样的情况：孩子明明学过很多遍的知识点，却总是记不住；平时做题没问题，到了考试却束手无策；刚开始学习时兴致勃勃，没过多久就变得疲惫不堪。这些问题其实都是学习损耗在作怪。我们常说，学习是一个需要坚持的过程，但如果不注意减少损耗，再多的努力也难以达到预期的效果。

在这漫长的学习之旅中，如何让孩子学得更好？除了加快效率和增加学习时间，减少学习过程中的各种损耗也是至关重要的。就像驾驶汽车进行长途旅行，在途中更好地保养和使用汽车，减少不必要的"油耗"和"磨损"，才能更顺利地到达目的地。

我们可以把孩子的学习过程比作一次驾车远途。学习过程中，孩子的智力和学习条件就像不同性能的汽车，有些汽车动力强劲，有些则需要更多的维护和优化。同样地，孩子的学习能力和起点也各不相同，但这并不意味着学习能力和起点较为落后的孩子无法到达理想的终点。关键在于，他们能否通过掌握减少损耗的技巧，优化"驾驶技巧"和更好地"维护保养"。

就像在开车时，良好的驾驶习惯和定期的保养可以帮助我们更高效地利用燃油、减少汽车的磨损和老化。学习也是如此：只有掌握了减少损耗的策略，孩子才能在求学的路上走得更远，走得更轻松。无论是小学、初中、高中，还是大学，甚至是未来的研究生学习，这条学习之路可能会很长，但我们要让每一步都走得有价值、有收获。

将孩子的求学之路比作一场旅程，可以帮助我们更直观地理解学习过程中优化的重要性。每个孩子的起点和条件不同，但如果能掌握减少学习损耗的技巧，找到适合自己的学习节奏，他们将更有信心和能力达到自己的学习目标。

让我们一起踏上这场"减少损耗，优化学习"的旅程，助力每个孩子在求学路上轻松而成功！我将深入探讨孩子学习过程中的各种"损耗"因素——哪些行为和习惯会导致"高油耗"和"高磨损"？如何通过调整学习方法和管理学习环境，帮助孩子减少这些损耗，优化他们的学习旅程？我们将给出具体的建议和方法，帮助家长和孩子一起找出并减少那些无谓的学习损耗，让每个孩子都能更高效地学习，轻松到达他们的学习目的地。

导致孩子学习高损耗的行为及其解决方法

你可能已经注意到，孩子在学习时经常会显得非常疲惫，注意力不集中，学习一段时间后就容易走神。这种"学习疲劳"是否也是你和孩子目前的困扰？这种现象常常表明孩子在学习过程中消耗了过多的精力和体力。为了更好地理解这个问题，我们可以借用一个大家熟悉的概念——汽车的"燃油消耗"。

当我们谈到汽车的燃油经济性时，通常会用到"燃油消耗率"和"瞬时油耗"两个指标。这两个指标不仅帮助我们了解汽车的油耗情况，也能让我们更形象地理解孩子在学习过程中的精力消耗是如何发生的。

学习能量消耗

汽车的燃油消耗率指的是车辆在特定驾驶条件下，每行驶100千米所消耗的燃油量。同样地，我们可以用"学习能量消耗率"来形容孩子在特定学习条件下，比如完成某个学习任务或掌握一个知识点所需的平均精力和时间。你或许会问，为什么有些孩子的学习能量消耗率高，导致学习效率很低？就像驾驶习惯会影响汽车的油耗一样，孩子的学习习惯也会直接影响他们的精力消耗。

例如，在驾驶时，急加速、急刹车和长时间怠速都会增加燃油消耗。同样地，如果孩子在学习时频繁分心、反复中断任务或拖延完成作业，这些不良学习习惯就会增加他们的学习能量消耗率。你可以试着观察孩子的学习状态，看看是不是有类似的情况。如果孩子的注意力总是容易被打断，可能需要调整学习方式，例如设定短期目标或采用番茄钟学习法来增强注意力。

另外，汽车的发动机效率也会影响燃油消耗。一个保养良好的高效发动机能降低油耗。同理，在学习中，使用高效的学习方法（如概念理解、问题导向学习）可以帮助孩子减少精力消耗，提高学习效率。你可以和孩子一起探索不同的学习方法，找到最适合他们的策略。比如，如果发现孩子对某些科目容易感到疲倦，不妨转换学习方法或分段安排学习时间。

同样，汽车的负载越大，燃油消耗也会随之增加。学习也是如此，如果孩子的学习任务负担过重，超出了他们的承受能力，他们就容易感到疲惫和压力过大。家长可以帮助孩子合理安排学习任务，确保他们有足够的时间休息和放松，避免过度消耗。试着和孩子一起制订一个平衡的学习与休息时间表，这样有助于孩子减轻学习负担，提升学习效果。

学习环境也很重要。就像汽车在不同路况下的燃油消耗是不同的，孩子的学习环境也会直接影响他们的注意力和精力消耗。如果学习环境过于嘈杂或不够舒适，就像在复杂路况下驾驶一样，孩子就会难以集中精力。你可以尝试为孩子创造一个更安静、舒适的学习环境，看看是否能带来积极的变化。

通过这样的类比，我们可以更直观地理解孩子在学习过程中的精力消耗问题。就像良好的驾驶习惯和适当的汽车保养能节省油耗一样，合理的学习习惯和有效的学习方法也可以帮助孩子更好地管理精力，避免不必要的学习消耗。家长可以从改善学习习惯、合理安排学习任务和创造良好的学习环境等方面入手，帮助孩子降低学习能量消耗率，提高整体学习效率。

瞬时学习消耗

作为家长，你可能注意到，有时候孩子在学习时特别投入、效率很高，但有时候却容易疲劳、分心，似乎难以专注。为什么孩子的学习状态会有这么大的波动？其实，这就像我们在前面提到的另一个指标——瞬时油耗，两者都取决于很多外部和内部的因素。

那么，什么是瞬时油耗？简单来说，瞬时油耗是指汽车在某一时刻或特定时间段内的燃油消耗量。它反映了当前驾驶行为和路况下的燃油使用效率。就像一辆车在行驶过程中，油耗会因为路况和驾驶方式的不同而变化，孩子的学习状态和精力消耗也同样是在动态变化的。

哪些因素会影响孩子的"瞬时学习消耗"呢？

你可能已经观察到，当孩子在学习中频繁切换任务，比如从数学题切换到英语作文，再切换回来，就像汽车在频繁加速和减速时会耗费更多燃油一样，这样的学习方式也会迅速消耗孩子的注意力和精力。你可以帮助孩子设定专注的学习时间，让孩子在这段时间内专心于一项任务，避免多任务切换带来的消耗。这样能够帮助孩子更有效地利用注意力，并提升学习效率。固定的学习顺序和习惯的养成也非常重要，这样有助于减少学习中的精力损耗。

同样重要的是，避免孩子在学习中出现低效状态。就像汽车在怠速状态下（如等待红灯时）会继续消耗燃油，孩子漫无目的地看书，或者重复进行低效练习，实际上是在"原地打转"。你可以鼓励孩子设立明确的学习目标，比如"今天你的目标可以是掌握这个公式的应用方法"。这样可以帮助他们更加专注，避免无效的学习消耗。

另一个关键因素是学习的节奏。汽车的速度过快或过慢都会影响油耗，学习也是如此，所以学习同样需要保持适当的节奏。过快的学习速度可能会导致孩子对知识理解不透彻，过慢则容易让他们失去兴趣。帮助孩子找到合适的学习节奏很重要。试着和孩子一起讨论什么样的学习节奏让他们感觉更舒服、效果最好。就像找到一辆车的最佳行驶速度一样，这样的调整能让孩子的学习效果大大提升。

学习环境的影响也不可忽视。汽车在使用空调或电子设备时，油耗会增加。类似地，孩子在学习时，手机通知、聊天信息等干扰因素会分散他们的注意力。你可以尝试为孩子设置一个无干扰的学习环境，比如在学习时间内关闭手机或使用专门的学习应用程序来限制手机的使用时间。这样能让孩子更好地集中精力。

此外，当面对难度较大的学习内容时，孩子的精力消耗也会增加。就像车辆在上坡时需要更多的燃油一样，学习较难的知识点需要更多的专注和努力。你可以帮助孩子把难题分解成多个小步骤，然后逐步完成。比如，在面对一篇复杂的文章时，家长可以先帮助他们概括每一段的大意，再深入理解每段的细节。这种逐步完成的方法可以有效避免因任务过于艰难而导致的精力消耗过度。

那么，总结来说，如何帮助孩子降低瞬时学习消耗呢？以下是一些你可以尝试的方法。

- **避免频繁切换任务**。建议孩子一次专注于一个任务，并为该任务设定一个明确的时间段，比如 30 分钟内只做数学题，然后休息 5 分钟，再进行下一个任务。这样可以避免学习中的注意力分散。
- **制定清晰的学习目标**。帮助孩子设立每天的学习目标和计划，让每次学习都有明确的方向，而不是无目的地看书或做作业。
- **创造无干扰的学习环境**。在学习时间内，尽量减少干扰因素。你可以和孩子约定一个无干扰时间，关闭电视、手机等电子设备，让孩子能够专心学习。
- **调整学习内容和节奏**。对于难度较大的学习内容，帮助孩子将它分解成更小的任务和步骤，让孩子逐步掌握。通过调整学习节奏，找到一个让孩子既不感到压力又能够有效学习的速度。

就像驾驶时保持稳定速度、避免频繁加速和刹车能节省油耗一样，帮助孩子减少学习过程中的"瞬时消耗"也需要合理的计划和方法。通过改善学习习惯，优化学习环境，我们可以帮助孩子在学习这条路上走得更轻松、更高效。你是否愿意试试这些方法，看看它们能带来什么变化呢？

科学安排学习任务，减少孩子学习精力的消耗

作为家长，你可能观察到，孩子在一天中的不同时间段的学习状态有所不同。研究表明，早晨通常是学生学习精力最为充沛的时段[一]。但如果在这时就给他们安排过于复杂和困难的任务，会

[一] MARTELLA A M, LAWSON A P, ROBINSON D H. How scientific is cognitive load theory research compared to the rest of educational psychology?[J]. Education sciences, 2024, 14(8): 920.

使他们感到认知负荷过重,反而降低学习效率[1]。那么,如何安排学习任务,才能让孩子在学习过程中不至于感到疲惫,保持高效呢?

在帮助孩子更好地学习时,你可以参考以下建议进行安排。

- **从简单任务开始**。早晨是学习的黄金时间,可以先从一些相对简单的任务入手,比如复习前一天学过的内容或者完成一些基础练习题。这样做不仅可以帮助孩子逐渐进入学习状态,还能让他们通过小的成功体验,建立信心和成就感。
- **逐步增加任务难度**。随着学习的深入,可以逐渐增加任务的难度。在孩子熟悉了基本概念后,可以让他们挑战一些需要更多思考的题目。这样的安排能帮助孩子更好地消化和理解学习内容,同时避免因难度过大导致的学习疲劳。你可以想象一下,孩子刚开始学习时,如果立刻面对一个非常难的数学问题,他们可能会感到沮丧并失去信心。相反,先做一些简单的题目,逐步进入状态,就像运动前的热身一样,可以让孩子更好地集中注意力,并逐步进入高效的学习状态。
- **设置小的休息和反思时间**。学习并不一定要一口气完成所有任务。你可以鼓励孩子在完成一项任务后,休息几分钟或者简单地反思刚刚学到的知识。短暂的休息时间可以帮助大脑恢复,提高接下来的学习效率。例如,每完成 30 分钟的学习后,可以安排 5～10 分钟的休息时间,做些伸展

---

[1] WILLIAMS K M, SHAPIRO T M. Academic achievement across the day: evidence from randomized class schedules[J]. Economics of education review, 2018, 67: 158-170.

运动或者喝杯水，既放松了大脑，也能让孩子有时间消化并吸收刚学到的知识。

- **关注孩子的反馈和状态**。每个孩子的学习节奏和状态都有所不同。作为家长，你需要根据孩子的反馈来灵活调整学习任务的顺序和难度。比如，如果孩子在学习某个科目时表现得特别疲惫，可以适当降低难度或者转换学习方式。你可以和孩子一起探讨，什么样的任务和安排让他们感觉更舒服和有效。记住，灵活调整是关键，找到适合自己孩子的学习方法最重要。

通过这些方法，从简单到复杂，逐步递进安排学习任务，可以帮助孩子更好地适应学习的节奏、减少认知疲劳、提高整体学习效率。就像跑步一样，逐渐加速比一开始就冲刺要更持久、更有效。你是否愿意试试这些方法，看看它们能带来什么变化？

定期"保养"孩子的学习状态

作为心理顾问，我常常会建议家长像维护汽车一样，定期"保养"孩子的学习状态。你可能会问："学习也需要保养吗？"是的，正如汽车需要定期加油、更换机油、检查轮胎和悬挂系统，以减少损耗，孩子的学习状态同样需要我们细心地维护和关注。

定期"加油"：补充心理能量和体力

就像汽车需要定期加油一样，孩子在学习过程中也需要定期补充能量。这个加油不仅指身体上的休息，更是心理上的调整。

长时间的学习往往会让孩子感到疲惫和压力，家长可以帮助孩子制订一个加油时间表，每隔一段时间就安排一些放松的活动，比如运动、冥想或者户外活动。这样做的目的是让孩子在疲劳积累之前就能及时得到恢复，更好地保持专注和动力。

你也可以考虑为孩子设立一些心理上的奖励加油站。当孩子完成某个学习目标或取得进步时，给予他们积极的反馈和奖励。这种奖励不需要昂贵的物质礼物，可以是一次特别的家务减免或一段与家长共同度过的欢乐时光。这些小加油站会让孩子在漫长的学习路上感到有支持和动力，帮助他们继续前行。

关注磨损：避免学习过程中的过度损耗

汽车在行驶中会有各种磨损，学习也是一样。在学习过程中，如果孩子长期处于高强度、高压力的状态，他们的精力和兴趣会逐渐损耗。作为家长，你可以帮助孩子关注这些损耗因素。比如，当孩子感觉疲劳，或对学习失去兴趣时，这可能是学习任务负荷过大或学习方法不当所致。

一个有效的方法是与孩子一起定期检查和调整学习计划。就像汽车需要定期更换机油和轮胎一样，孩子的学习计划也需要不断优化和调整，确保每个阶段都有合理的任务安排。你可以和孩子一起回顾过去一段时间的学习情况，看看哪些科目需要更多关注，哪些方法需要改进，这样可以帮助他们避免过度的学习损耗。

做一次"全面保养"：系统地评估和调整学习状态

每隔一段时间，汽车需要做一次全面的保养检查，以确保所有系统运行良好。同样，我建议家长也给孩子的学习状态做一次

"全面保养"。你可以和孩子一起评估他们的整体学习状态，看看是否有需要调整的地方。这个过程就像给汽车做检查，确保所有零部件都在正常运作。

一次全面保养可以包括以下几个方面：首先，评估孩子的学习习惯和方法，看是否有需要改进的地方；其次，检查他们的学习任务和休息时间安排，确保两者的平衡；最后，关注孩子的心理状态，看看他们是否感到有压力或挫败感，并及时提供支持。这个过程可以在每月一次的家庭会议中进行，或者选择一段专门的时间来聊聊孩子的学习状态和感受。

通过这样的保养方式，孩子的学习状态可以像保养良好的汽车一样，保持平稳、高效。你可以试试这些建议，为孩子创造一个更健康、更积极的学习环境，让他们在学习这条路上走得更远、更稳。你会发现，定期的保养不仅能提高孩子的学习效果，还能增进亲子关系，让孩子感受到来自家庭的支持和关爱。

本章总结

1. 学习损耗的概念与影响

    - 学习损耗是指孩子在学习过程中由于各种不良因素,精力、时间和学习成果无效消耗。就像汽车在一场长途旅行中的"油耗"和"磨损",学习过程中也存在一些无形的"损耗",它们会削弱孩子的努力和成果。

2. 减少学习损耗的重要性

    - 与提高学习效率和增加学习时间一样,减少损耗在孩子的学习过程中同样至关重要。良好的学习习惯、适当的休息和有效的学习方法能够帮助孩子减少无谓的精力消耗,提升学习效率。家长的任务是帮助孩子优化学习过程,避免不必要的学习损耗。

3. 学习中的高损耗行为及其解决方法

    - **注意力不集中与学习频繁中断**:孩子如果学习时频繁分心,精力就容易浪费。家长可以通过设定专注的学习时段(如番茄钟学习法)来增强孩子的注意力。
    - **不合适的学习方法**:如果学习方法不当,孩子的精力消耗会加倍。家长应引导孩子尝试不同的学习方法(如问题导向学习、概念理解),选择最适合自己的方式。
    - **高认知负荷的任务安排**:过多的学习任务会导致认知过载,

家长应帮助孩子合理安排任务难度，从简单到复杂，逐步增加挑战性。

4. 减少学习损耗的策略

- **避免频繁切换任务**：避免孩子在学习过程中频繁切换任务，否则会消耗过多的注意力。家长应鼓励孩子一次专注于一个任务，完成后再切换。
- **制定清晰的学习目标**：通过清晰的目标设定，让孩子在每次学习中都有明确的方向，避免浪费精力在无关紧要的任务上。
- **创造无干扰的学习环境**：一个无干扰、安静的学习环境能减少孩子学习时的损耗。家长可以通过调整学习环境，让孩子更专注地进行学习。
- **调整学习内容和节奏**：避免长时间不间断地学习，定期休息是减少精力消耗的关键。家长可以帮助孩子设定合理的学习和休息时间，保持学习的持久性。

5. 提升长期学习效能的策略

- **补充能量**：通过调整学习策略，设置合理的奖励机制，帮助孩子保持高效学习的动力，补充学习能量。家长应支持孩子在遇到困难时自我调节，增强他们的自信和解决问题的能力。
- **避免学习中的过度损耗**：定期复习和总结学习成果，有助于巩固长时记忆，并提高信息的调用能力。家长可以鼓励孩子每周进行自我反思，分析学习中的成功与挑战，以避免孩子在学习过程中过度损耗。

- **系统评估和调整学习状态**：家长不仅需要关注孩子的学习成绩，更要关注孩子学习过程中的损耗因素，对孩子的学习状态进行系统评估。通过科学的学习安排、适当的休息、有效的学习方法和鼓励性反馈，家长能够帮助孩子减少无效学习，提高学习效率，调整孩子整体的学习状态。

本章通过详细分析学习过程中的损耗因素，为家长提供了具体的策略和方法，帮助孩子减少精力消耗，优化学习过程，取得更高效的学习成果。

3

第三部分

从 50 到 100，学习习惯是高效学习的关键秘密

第 9 章

好的学习习惯
为什么重要和难以养成

培养好的学习习惯为什么如此重要

好的学习习惯对孩子学习的影响

1. 学习习惯决定学习质量

> 某天,我接到了一个焦急的家长的电话,她无奈地说:"我儿子整天沉迷于手机,早上不愿起床,晚上不愿入睡,写作业总是拖延。"从她的语气中,我感受到了深深的疲惫和无助。

这个母亲的困扰并非个例。许多家长都遇到过类似的问题,他们常常感觉需要不断提醒和监督孩子,否则孩子的学习进度就会停滞不前,甚至倒退。但这种方式真的有效吗?

事实上，这类问题往往并非学习态度的问题，而是深层次的学习习惯问题。那些令家长感到头痛的孩子的行为，如写作业拖延、粗心大意，归根结底是因为不良的学习习惯。孩子的学习质量在很大程度上取决于他们学习习惯的质量。

2. 好的学习习惯可以降低家长的教育难度

孩子的学习是一个漫长的过程，而学习习惯的培养是关键所在。学习习惯的养成，其实是将偶然的有效学习行为反复实践，使其成为常态的过程。如果能够高质量地完成每天的学习任务，那么久而久之，孩子的学习能力就会显著提升。因此，良好的学习习惯对孩子的成长具有不可替代的重要性。

对家长来说，培养孩子好的学习习惯可以大大减少教育孩子所需的时间和精力。当孩子养成了良好的学习习惯，他们的学习行为会逐渐自发地变得有序和高效。

> 我曾与一个来自西北地区的农村、孩子考入北京大学的母亲交流过。当我问她如何培养出这样优秀的孩子时，她告诉我，她自己文化水平不高，也没有能力在学习上给孩子提供太多的辅导。她家的家庭条件也一般，孩子在学习之余还要帮忙做家务。她说："其实我没有什么特别的经验，主要是注重孩子的习惯培养。"她解释说，很多教导都来源于她在农活中积累的经验，例如在适当的季节浇水、翻土，这些事情都需要按照自然规律有条不紊地进行。她相信，重要的事情按照正确的方法反复做，就能变得简单。这正是她在教育中传递给孩子的理念：习惯的力量。

如果孩子没有养成良好的学习习惯,教育将变得十分艰难。以陪孩子写作业为例,如果孩子没有良好的学习习惯,家长就需要反复提醒和监督,甚至每道题目都要检查。而如果孩子养成了良好的学习习惯,学习过程就会轻松许多,他们能够自发地完成学习任务,这就是学习习惯带来的巨大好处。

好的学习习惯为什么难养成

好的学习习惯难以建立

1. 传统误区:讲道理的局限性

在尝试帮助孩子养成学习习惯时,许多家长依赖反复讲道理和提醒。他们认为,通过不断强调按时作息和按时完成作业的重要性,可以让孩子理解这些行为的意义,从而自觉养成良好的学习习惯。然而,这种方法的效果往往不如预期。

很多家长都有这样的经历:无论他们多么耐心地解释和提醒,孩子的某些行为仍然难以改变。事实上,学习习惯的养成并不是通过简单的认知理解就能实现的。过于频繁的说教和提醒,反而可能会干扰学习习惯的形成过程。这是因为,习惯的形成机制并非仅靠认知驱动,而是通过高密度的行为重复建立起来的。

2. 习惯形成的机制:行为重复的重要性

习惯是通过重复的行为逐渐固化的。当一个行为被反复实践,它会在大脑中形成固定的神经通路,最终成为无须思考即可执行的自动化反应。而仅靠认知理解,无法代替这一过程。事实上,过大的认知负荷可能会分散注意力,阻碍行为的自然重复和巩固。

伦敦大学学院的多兰（Dolan）与达扬（Dayan）两位神经科学学者，在《神经元》（Neuron）学术期刊上发表的关于习惯形成的综述中就提到，习惯的形成涉及基底神经节与其他脑区的交互作用，特别是基底神经节中的背外侧纹状体和前额叶皮质的合作[一]。而麻省理工学院的神经科学专家格雷比尔（Graybiel）教授在《神经科学年鉴》（Annual Review of Neuroscience）上发表的对习惯形成相关脑机制的综述中强调，习惯的学习和执行依赖于基底神经节及其与新皮质的连接[二]。格雷比尔教授在2016年关于习惯形成的进一步研究发现，背外侧纹状体在习惯行为中扮演着核心角色，通过"行为组块"过程将行为序列程序自动化，使其成为不再需要主动控制的习惯[三]。由基底神经节与新皮质形成的回路负责评估行为的结果，并选择行为，进而通过"组块"过程将行为模式固化成习惯。这给我们很大的一个启发，就是如果系列行为长期稳定重复地出现，大脑就会认为这些行为不需要反复监管与思考，直接进行程序化打包，形成一个"行为组块"的单元，这个行为组块单元在未来类似的场景中就会自动运行（见图9-1）。这时负责行为的脑区更多处于"执行模式"，而不是"监管模式"。

　　这些关于习惯的基础研究，都发现了负责习惯形成的核心脑区，这对理解习惯到底是如何形成的，提供了很好的科学依据。在行为产生的初期阶段需要意识的干预和有意决策，但是随着行

[一] DOLAN R J, DAYAN P. Goals and habits in the brain[J]. Neuron, 2013, 80(2): 312-325.

[二] GRAYBIEL A M. Habits, rituals, and the evaluative brain[J]. Annual review of neuroscience, 2008, 31(1): 359-387.

[三] SMITH K S, GRAYBIEL A M. Habit formation[J]. Dialogues in clinical neuroscience, 2016, 18(1): 33-43.

为的不断重复,直到形成程序化记忆,行为变得更加自动化,习惯就逐步建立。在学习过程中,随着行为的重复,基底神经节的活动模式从不确定的探索状态转变为更加固定的执行模式。这意味着可以通过反复练习和重复行为改变大脑的神经结构,使得某些行为变成自动化反应。

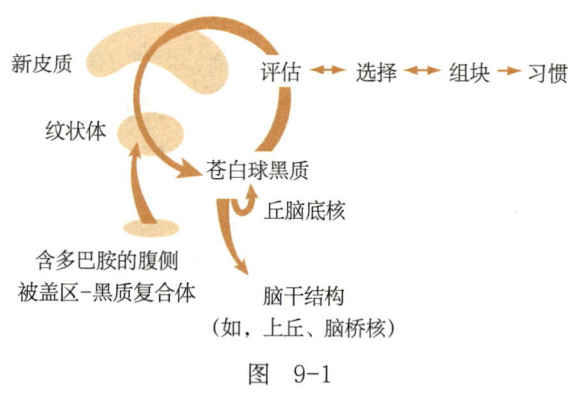

图 9-1

资料来源:GRAYBIEL A M. Habits, rituals, and the evaluative brain[J]. Annual review of neuroscience, 2008, 31(1): 359-387.

通过查阅习惯形成的神经机制的研究成果,我深刻意识到这么多年来,大量教育工作者以及家长对孩子形成习惯的教育,可能都存在严重误区,就是我们过多地强调习惯的意义,在有目的地驱动行为产生。教师与家长对孩子的学习与生活都非常努力地进行监管,但是从习惯形成的机制来看,习惯形成的核心脑区其实是负责执行自动化行为发生的脑区,所以习惯更多是一种自动化的执行模式,可能这一点被很多教育工作者与家长都忽略了。

一个常见的例子是健康饮食的推广。尽管许多人意识到多吃水果和蔬菜有益健康,但这种认知未必能转化为实际的饮食习惯。这说明,仅仅依靠知识的传递和认知的提升,无法促使人们真正改变行为。同样,在学习习惯的养成中,孩子可能明白为什么要按时作息和完成作业，但如果缺乏实际的行为重复，这些理解就很难转化为习惯。

3. 反复说教的反效果

频繁的说教和提醒不仅不能有效推动习惯的养成，反而可能让孩子感到厌烦或压力，进而抵触这些行为。更糟的是，这种外在的推动力可能会使孩子变得依赖外部指示，而不是自发地进行行为管理。这种情况下，即使孩子在特定条件下表现良好，一旦外部控制消失，他们的行为也可能回到最开始。

因此，家长在帮助孩子养成学习习惯时，不能仅仅依赖反复的说教和提醒。习惯的养成需要高密度的行为重复，而不是单纯的认知理解。更有效的方法是创造一个支持性的环境，鼓励和强化良好的学习行为模式，通过实际的行为重复，逐步固化这些学习习惯。在后续的章节中，我们将进一步探讨如何有效地实施这些策略，帮助孩子更容易地形成和维持良好的学习习惯。

4. 环境变化对学习习惯养成的影响

养成良好的学习习惯，不仅需要孩子的内在动力和反复的行为实践，还需要一个稳定的环境来支持这些行为的持续性。环境稳定性对于习惯养成非常重要，可惜很多家长不懂这个道理。一些家长在培养孩子好习惯的时候，经常破坏环境的稳定性。例如，孩子在阅读或者写作业时，家长反复打扰，随意打断孩子的学习节奏，随意改变学习时间、地点等环境元素，这样孩子学习习惯的养成就比较难。

学习习惯的形成依赖于长期稳定的环境线索，这些线索帮助大脑将特定的学习行为与特定的环境条件关联起来，从而逐渐形成自动化反应。如果孩子在固定的时间和地点进行学习，他们的大脑会逐渐将这些环境线索与学习行为联系起来。例如，每天固定时间在书桌前进行学习，孩子的大脑就会逐渐适应并在这个时间段自动进入学习状态。

然而，如果学习环境不稳定，比如学习时间和地点不固定，或者环境中有太多干扰，大脑就难以形成明确的环境与行为的关联。这种情况下，孩子很难养成稳定的学习习惯，因为每次学习的条件都不相同，大脑无法自动进入学习模式。

案例分析

安排固定时间做数学作业

小明的妈妈曾经随意安排小明做数学作业的时间与地点，导致他学习状态时好时坏。后来她改变了策略，每天晚上7点到8点让小明在书桌前专心做数学作业，并确保环境安静。这样的安排为小明提供了明确的环境线索。一个月后，小明逐渐适应了这个固定的学习时间，并且他的数学作业完成得更加高效，成绩也有所提升。这显示了稳定的环境对学习习惯养成的关键作用。

分析

这个案例突出显示了环境稳定性在学习习惯养成中的关键作用。没有稳定的环境线索，学习行为难以自动化，孩子也难以形成持久的学习习惯。因此，家长在帮助孩子建立学习习惯时，不仅要关注学习内容和方法，还要创造一个稳定的学习环境。这包括固定的学习时间和地点，以及尽量减少环境中的干扰。这些措施能够有效支持孩子在适当的时间和地点形成良好的学习习惯，使他们更容易专注和坚持学习。

在总结前面提到的挑战和解决策略时，我们可以得出结论：培养良好的学习习惯需要综合考虑内在动力、行为重复和环境稳定性。这些因素共同作用，才能帮助孩子逐步建立和维持良好的学习习惯。

给家长的建议

- 设定固定的学习时间和地点：让孩子每天在固定时间、地点进行学习，有助于大脑自动适应学习状态。
- 减少学习干扰：在孩子学习时要避免频繁打扰，确保学习环境的安静和孩子的专注性。
- 建立稳定的学习线索：通过固定的学习环境和行为重复，让孩子逐渐形成自动化的学习习惯。

5. 新的学习习惯会与旧的学习习惯竞争

在培养新的学习习惯时，我们常常面临一个重要挑战：新的学习习惯需要与已经形成的旧的学习习惯竞争。这种竞争使得新的行为模式难以取代已经根深蒂固的旧的学习习惯。正如俗话"江山易改，本性难移"。一旦养成了某种学习习惯，要改变它并形成新的学习行为模式是相当困难的。新的学习习惯常常会被旧的学习习惯的强大惯性所击败。

一个孩子在成长过程中，如果还未形成不良的学习习惯，他们的大脑就像一张白纸。这时候，有意识地引导他们养成良好的学习习惯会相对容易，因为没有坏的学习习惯与之竞争。相反，如果孩子已经形成了一些不良的学习习惯，特别是到了初中或高中阶段，纠正这些习惯就变得更加困难。

案例分析

小学生 vs. 高中生的学习习惯培养

我曾经去一所小学观察，发现老师从孩子入学的第一天起就通过固定时间做作业、遵守纪律等方式，帮助学生养成了良好的学习习惯。这种从小培养的规律性行为让孩子能够迅速适应学校的学习节奏。

然而，在一些高中，老师却很难改变学生已经形成的懒散学习习惯。老师花费了很多时间推行一些基本的学习纪律，如按时完成作业，但效果不佳。**这说明，早期养成良好学习习惯比后期纠正不良习惯要容易得多。**习惯一旦固定下来，要改变它需要更多的时间和精力。因此，家长应尽早关注孩子学习习惯的培养，在孩子学习的关键期提供引导，这样可以避免后期的习惯纠正变得更加困难。这正说明了一个关键问题：新习惯的形成必须面对旧习惯的竞争。正如我们常说"习惯养成需要从娃娃抓起"，这句话非常有道理。如上文所讲，这个案例也让我们知道了，如果孩子还没有形成不良行为习惯，我们可以更容易地引导他们养成良好的习惯。然而，一旦孩子已经形成了一些不良的学习和生活习惯，要改变这些习惯并不容易。这并不是说不可能改变，而是说过程会更为艰难，因为新的行为必须与非常稳定的旧习惯竞争。

总体来说，习惯的形成是一个需要耐心和坚持的过程。家长和教育者需要了解习惯形成的原理，识别环境中的关键因素，并让孩子有意识地建立新的行为模式。这些努力可以帮助孩子更容易地养成良好的学习习惯，同时避免不良习惯的形成。希望这些方法和工具能为家长在教育孩子的过程中提供有效的支持，使他们在孩子的成长过程中更加得心应手。

为了帮助家长更具体和系统地思考这个问题，我们在下方提供了培养良好学习习惯的步骤（见表9-1）。

①明确新习惯。首先，家长需要明确他们希望孩子养成的新习惯。这个习惯应该是具体的、可操作的。

②识别竞争性习惯。然后，家长需要识别已经存在的竞争性习惯。这些习惯通常是孩子已经养成的不良行为模式。

③建立环境线索。接下来，家长需要为孩子建立稳定的环境线索，如固定的时间和地点。这些线索应该能够帮助孩子的大脑将新行为与环境联系起来。

④制订策略。最后，家长需要制订具体的策略来支持新习惯的形成。例如，可以规定每天晚上7点到8点是家庭阅读时间，全家人一起阅读，避免使用电子设备。

表9-1 培养良好学习习惯的步骤示例表

想要培养的新的学习习惯	已经存在的竞争性习惯	环境线索	策略
按时做作业	玩游戏	到家后的第一个小时	在这个时间内限制孩子的游戏时间，设立作业时间
预习第二天的课程	随意娱乐活动	晚饭结束后的时间	规定晚饭后的一小时为学习时间，提供课本和预习资料，减少娱乐诱惑

(续)

想要培养的新的学习习惯	已经存在的竞争性习惯	环境线索	策略
按时复习	延迟复习至临近考试	每周固定一段复习时间	建立每周固定的复习时间表，设定复习计划，并进行小测验来巩固知识

家长可以根据自己的情况，补充表 9-1，然后根据表 9-1 制订一个具体的计划。这样就能有针对性地采取一些措施。

好的学习习惯难以保持

学习习惯养成的第二个难题是难以保持习惯。让我用一个具体的例子来说明这一点。

> 李妈妈一直在努力帮助她的孩子小明养成仔细审题的习惯。经过一段时间的努力，小明终于开始认真对待每一道题目。然而，问题出现了：一旦李妈妈不在小明身边，他又会恢复到原来的粗心大意。这让李妈妈感到非常困惑和无力。

这种情况并不罕见。许多家长都会遇到类似的难题，即使孩子在一段时间内表现出良好的行为，一旦缺少监督或外部压力，这些行为很快就会消失。这种现象被心理学家温迪·伍德

(Wendy Wood)称为"三角复发模式"[1],它反映了行为的维持需要持续的干预和支持。一项研究指出,无论是减肥、健身,还是学习,干预效果在干预结束后通常会迅速减弱,大部分行为会在半年内恢复到干预前的状态[2]。这说明,保持新行为是一项长期且困难的任务。

另一个方面是,刻意的行为通常需要消耗大量的心理资源。例如,当孩子不愿意学习时,家长强迫他学习,或者不愿早起时,逼他早起。孩子虽然可能会执行这些行为,但在执行时需要不断说服自己,这个过程非常耗费脑力资源。即使有强大的目标推动这些行为,长久坚持仍然非常艰难。

行为的养成其实包含两个系统的推动。一个是目标行为系统,另一个是习惯系统。在习惯没有形成之前,我们的行为主要依赖于目标系统,即通过兴趣、需求或目标来驱动。然而,这种基于目标的行为往往需要持续的外在动力和理性思考来支持,执行起来非常耗费心力。反之,习惯系统则不同,当一个行为变成习惯后,它更多地受到环境中的线索触发,不再需要耗费大量的心理资源。这也是为什么在习惯未形成之前,坚持做一件事情那么累。

此外,你有没有想过,你希望孩子养成的学习习惯,比如按时完成作业、主动预习或复习课程等,这些行为往往缺乏即时的愉悦反馈?然而,只有当一个行为带来愉悦体验时,它才更容易

---

[1] WOOD W, NEAL D T. Healthy through habit: interventions for initiating & maintaining health behavior change[J]. Behavioral science & policy, 2016, 2(1): 71-83.

[2] GARDNER B, REBAR A L, LALLY P. Habit interventions[C]//HAGGER M S, CAMERON L D, HAMILTON K, et al. The handbook of behavior change. Cambridge: Cambridge University Press, 2020: 599-616.

被转化为习惯。想象一下，你希望孩子早上不赖床，闹钟一响就起床。但是，这种行为真的能带来愉悦体验吗？相比之下，赖床显然更让人感到舒适，这就是为什么很多孩子难以坚持早起。

类似地，其他学习行为，如定期复习、认真做笔记或阅读课外书籍等，尽管在长期来看有助于提高学习效果，但短期内却难以带来立即的愉悦感。相比之下，孩子可能更倾向于花时间在娱乐活动上，比如玩游戏或看视频，因为这些活动能立即带来快乐和满足感。

此外，许多家长在推动这些学习习惯时，会强调"这是你应该做的"或者"这是作为一个好学生的基本要求"。这些说法往往会给孩子带来压力，让孩子觉得这些行为更加枯燥和有负担。因为人们更倾向于做让自己感到愉快的事情，而避免那些被视为义务或无趣的活动。

因此，在帮助孩子养成良好的学习习惯时，家长不仅需要强调这些行为的重要性，还应该努力寻找让这些学习行为变得有趣和有吸引力的方法。这包括设定小奖励机制，将学习与孩子的兴趣相结合，或者通过互动和鼓励的方式让孩子感到学习是积极和有成就感的过程。通过这样的方式，孩子更容易接受这些行为，并逐步将其内化为稳定的学习习惯。

好的学习习惯难以迁移

培养孩子的学习习惯中，一个主要的挑战是，一个好的学习习惯的形成并不意味着其他好的学习习惯也能随之建立。也就是说，即便孩子已经养成了一个良好的学习习惯，这并不会自动促成其他良好学习习惯的养成。因此，我们需要对每一个学习习惯进行独立的培养，这对家长和孩子来说都可能复杂且费力。

1. 多个学习习惯的培养挑战

比如,我们希望孩子养成每天按时完成作业和定期预习的习惯。这两个习惯虽然都与学习相关,但它们所依赖的环境和行为线索却有所不同。按时完成作业可能是在晚上安静的环境中进行,而预习则可能需要提前计划和安排,并在学习资料丰富的环境中进行。不同的学习行为需要特定的环境和支持,即使孩子已经养成按时完成作业的习惯,也不意味着他能够轻松地养成预习的习惯。

这种情况表明,每个学习习惯的形成都依赖于特定的环境线索和行为模式。即使一个习惯已经养成,也不意味着其他学习习惯能够在相同的环境下自然形成。不同学习习惯的培养需要不同的环境支持和行为模式,这就要求我们在每一个习惯的培养过程中都要做出单独的努力。

2. 策略:如何有效地培养多个学习习惯

- **明确环境线索**:识别并明确每个学习习惯所需的环境线索和行为模式。例如,按时完成作业可能需要一个安静、无干扰的环境,而预习可能需要在一个有丰富学习资源的地方进行。
- **分阶段培养**:同时培养多个学习习惯时,可以分阶段进行。例如,先专注于培养按时完成作业的习惯,当这个习惯稳固后,再逐步引入预习的习惯。这样可以减少同时培养多个习惯引起的混乱和失败。
- **建立关联**:尝试将相关的学习习惯联系在一起。例如,可以在完成作业后安排一个固定的时间进行预习,这样可以利用已经养成的做作业习惯来推动预习习惯的形成。

在培养孩子的学习习惯过程中，我们必须认识到，一个学习习惯的形成并不能让孩子自动养成其他学习习惯。每一个习惯的形成都需要特定的环境支持和独立的努力。因此，家长在帮助孩子养成学习习惯时，应根据具体情况制订相应的策略，对症下药地支持和引导孩子，这样才能更有效地帮助他们建立和巩固这些习惯。

本章总结

1. 培养好的学习习惯为什么如此重要

   - 学习习惯决定孩子学习的质量,影响孩子的长期学习进步。良好的学习习惯能够减少家长的教育负担,使孩子的学习行为更为自动化和高效。
   - 学习习惯的培养使孩子能更自发、有效地完成学习任务。好的学习习惯来自长期积累,孩子通过高质量的日常学习来提升能力,从而家长能够减少监督和提醒。

2. 好的学习习惯为什么难养成

   - **传统误区**:家长常依赖反复讲道理和提醒孩子,但效果往往不明显,因为学习习惯的养成并非单纯依靠认知理解。
   - **习惯形成的机制——行为重复的重要性**:习惯通过反复的行为实践固化。通过不断地重复行为,大脑中新的神经通路得以形成。将某一行为转化为自动化反应,仅靠认知无法替代这一过程。
   - **反复说教的反效果**:频繁的说教可能导致孩子产生反感和抵触,甚至只能依赖外部的监督和提醒,无法自发地养成好习惯。
   - **环境变化对学习习惯的影响**:环境稳定性对习惯养成十分重要,但家长常常破坏孩子学习环境的稳定性,让孩子无法将自己的学习行为与特定的环境条件或线索关联起来,从而孩子无法形成稳定的学习习惯。

- **新旧学习习惯之间的竞争**：新的学习习惯会与旧的学习习惯产生竞争，使得新的学习习惯难以取代旧的。

3. 给家长的教育建议

- **设定固定的学习时间和地点**：每天在固定时间、地点进行学习，帮助孩子的大脑自动适应学习状态。
- **减少学习干扰**：确保学习环境安静，避免频繁打扰孩子。
- **建立稳定的学习线索**：通过固定的学习环境和行为重复，帮助孩子将学习任务与特定线索关联，形成自动化的学习习惯。

4. 好的学习习惯难以保持

- **学习习惯养成的挑战**：孩子在短时间内可能展现出好的学习行为，不过一旦缺少外部监督或压力，这些行为容易恢复到原有的状态。
- **目标行为系统与习惯系统的区别**：初期的行为往往依赖目标系统，即通过外在动力和目标推动，但这种行为需要耗费大量的心理资源，长期坚持非常困难。而一旦行为转化为习惯，它就能通过环境线索自动被触发，不需要大量心理资源。
- **习惯的愉悦反馈特性**：很多良好的学习行为（如按时完成作业、定期复习）不会带来即时的愉悦反馈，而孩子倾向于选择那些短期内能带来愉悦的行为（如玩游戏）。这种缺乏即时奖励的行为，难以转化为稳定的学习习惯。

5. 好的学习习惯难以迁移

- **学习习惯的迁移问题**：即使孩子已经养成了一个良好的学习

习惯，这个习惯也不一定会迁移到其他学习行为上。每个学习习惯需要独立培养，依赖特定的环境线索和行为模式。
- **多个学习习惯的培养挑战**：不同的学习习惯所依赖的环境和行为模式不同，即使孩子已经养成按时完成作业的习惯，也不代表他们能自然而然地养成预习或复习的习惯。

6. 如何有效培养多个学习习惯

- **明确环境线索**：每个学习习惯的建立都需要特定的环境和行为模式。家长应为每个习惯设定不同的环境支持。
- **分阶段培养**：家长可以先专注于培养一个习惯，确保它稳定后，再逐步引导孩子养成其他习惯。
- **建立关联**：通过将相关习惯联系起来（例如，作业完成后进行预习），帮助孩子逐步养成多个学习习惯。

　　培养良好的学习习惯是孩子学习成功的基础，但这并非易事。家长须理解习惯形成的机制，创造一个支持性的环境，并耐心地帮助孩子克服挑战，逐步培养和保持良好的学习习惯。通过合理的策略和持续的支持，家长能够帮助孩子在学习过程中形成稳定且有效的学习习惯，从而为孩子的学业成功奠定坚实的基础。

第 10 章

如何判断孩子是否
养成良好的学习习惯

在我进行了一次关于孩子学习习惯养成的讲座后,一个家长分享了她的困惑:"老师,我总是提醒我的孩子写作业,但我怎么才能知道他是否真的养成了自觉学习的好习惯呢?"这个问题反映了许多家长的共同担忧,尤其是当孩子进入学龄期时,家长们更加关注孩子是否能够独立完成学习任务。

这个问题涉及三个核心方面:

- 什么是学习习惯?
- 如何判断是否已经养成一个学习习惯?
- 学习习惯的养成需要多长时间?

在这一章中,我们将深入探讨这些问题,以帮助家长更好地理解学习习惯的内涵和机制,从而更有效地帮助孩子养成良好的学习习惯。

学习习惯的形成过程

你可能有过这样的经历：每天晚饭后，孩子会自然而然地坐下来开始复习当天的课程。这就是养成了学习习惯的一个例子。习惯的形成可以分为两个阶段：行为的学习阶段和习惯化自动反应阶段。

1. 行为的学习阶段

在这个阶段，孩子需要通过有意识的努力和外部引导来完成学习任务。例如，家长可能会提醒孩子放学后先完成作业或在晚上复习。这个过程依赖于孩子的自觉努力和家长的引导，是学习新行为的关键时期。

2. 习惯化自动反应阶段

随着时间的推移和反复实践，孩子的这些学习行为逐渐变成自动化反应。当孩子形成习惯后，不再需要刻意思考或外部推动，而是自然地开始这些任务。例如，每天放学后主动完成作业或每天自觉在固定时间复习，显示了学习习惯的巩固。

曾有家长分享，他的孩子已经持续一个月每天放学后主动完成作业，但有一天因为课外活动回家晚，结果孩子就直接去休息了，忘记了完成作业。这揭示了学习习惯的黄金法则：真正的学习习惯不仅是重复的行为，更在于即使环境发生变化，也能自然而然地完成该行为。在这种情况下，孩子在放学后的时间形成了完成作业的习惯，但在日常活动发生变化时，孩子不再做出习惯行为，也就表明这个习惯还没有完全巩固。

在教育孩子养成良好的学习习惯时，我们首先要明确什么是习惯。只有了解了习惯的本质和特点,我们才能有效地引导孩子,帮助他们走向成功。简单来说,习惯就是我们反复做某件事,直到不需要再去刻意思考,身体就自动知道怎么反应的行为。总之当这两个阶段反复结合,形成了一种稳固的模式,那就变成了我们说的习惯。

如何判断孩子是否已经养成一个习惯

判断是否养成学习习惯的金标准

很多家长常常感到困惑,为什么他们已经陪伴孩子写作业很久了,但一旦他们稍有松懈,孩子的学习习惯就会改变。或者他们多次讲道理,但孩子依旧没有改变不良学习习惯。这其实反映了一个关于孩子学习习惯的误区。孩子的学习习惯是否养成,最重要的可能不是家长给他们讲的道理,甚至不是家长的监管。那么判断孩子是否养成某个学习习惯的金标准是什么呢?

我们总结了两大金标准,帮助家长评估孩子的学习习惯是否真正养成。

1. 金标准一:不假思索的反应

当孩子遇到某个特定的有关学习的环境线索时,如果他的反应是直接、自动地去学习,那他很可能已经形成了一个良好的学习习惯。因为他的学习行为是基于线索驱动而非深入的理性分析,不经过复杂的思考过程。

(1)线索驱动而非理性分析的行为结果

例如,孩子放学回家,看到书桌就会自然地拿出作业本,开始做作业。这种行为通常是基于环境线索的驱动,而不是深思熟虑的结果。

科学研究表明，在习惯形成前，孩子的学习决策可能是依赖于目标和意愿的理性分析[一]，这意味着他们需要考虑动力和奖励。然而，当学习习惯真正养成后，这些习惯行为开始主导决策，原先的目标和意愿影响则大大降低。家长可以观察孩子在特定环境下的反应是否变得自然而然，以此判断习惯的形成。

（2）从偶然性到自动性：学习习惯形成的演进

学习习惯的养成经历了从偶然性到自动性的过程。

- **偶然性**：最初在特定情境下尝试了某个学习行为，并获得了正面的结果。
- **刻意性**：有意识地重复这一学习行为，以期获得相似的正面结果。
- **自动性**：随着重复的增加，学习行为逐渐自动化，不再需要有意识的思考或外部激励。

2. 金标准二：对奖励与规则的不敏感性

另一个判断学习习惯是否养成的关键标准是观察孩子的行为对外部奖励和规则的敏感性。真正的学习习惯不是因外部奖励的存在而持续，而是因被内化为孩子生活的一部分而持续。

（1）稳定性与独立性

一个有效的方法是观察当外部奖励改变或消失时，孩子的学习行为是否依然持续。如果行为不再依赖奖励而自然发生，这表明学习行为已经转化为习惯。例如，孩子在没有考试压力时依然

[一] JUDAH G，GARDNER B，KENWARD M G，et al. Exploratory study of the impact of perceived reward on habit formation[J]. BMC psychology，2018，6(1)：1-12.

自觉地进行复习，这表明复习已经成为他的一种习惯，而不仅仅是为了考试。

（2）奖励的影响

家长可以通过调整奖励策略来测试孩子的学习习惯是否稳固。若在奖励减少甚至消失时，孩子依然坚持完成学习任务，那么可以判断，这种行为已经内化为习惯，而不是仅仅依赖外部奖励。

深入理解这两个金标准，能帮助家长更好地识别和培养真正的学习习惯，使孩子的学习变得更有序、更高效。判断一个学习习惯是否真正养成，关键在于它是否已经成为孩子的一种不假思索的反应，并且孩子对外部奖励和规则不再敏感。通过这样的标准，家长可以更加准确地评估和引导孩子的学习行为，帮助他们养成持久的好习惯。

3. 总结

判断一个习惯是否已经养成，有两个金标准，首先当孩子不假思索地在特定的情境下重复某个行为时，真正的习惯就形成了。就像每天早晨起床后自动收拾书包一样，这个行为不再需要家长的提醒，而是已经成为孩子日常生活的一部分。

其次，可以通过观察孩子是否能不因奖励和规则而完成任务来判断。如果孩子在特定情况下无须家长提醒、奖励或惩罚，还能够自然而然地做出正确的反应，这说明这个行为已经成为一种习惯。例如，如果孩子每天放学后会自动完成作业，而不需要家长的督促，这就表明他已经养成了自觉学习的习惯。

此外，习惯的养成时间因人而异，通常需要三周到两个月不等。这取决于行为的复杂性和环境的稳定性。对于孩子来说，培养良好的学习习惯可能需要更多的时间和持续的支持。

总的来说，判断一个习惯是否已经养成，关键在于观察孩子是否能够自主地完成特定任务，而不依赖外部的刺激或干预。这种自动化的行为反应是习惯的重要特征，也正是习惯对我们的生活产生巨大影响的原因。通过帮助孩子养成良好的学习习惯，我们可以为他们未来的成功奠定坚实的基础。

习惯养成所需的时间

小贴士

习惯养成需要多少天

当我们提及习惯的形成，一些人常常说："21天，我只需21天就能养成一个新习惯！"这种说法在人们之中已经流传甚广。然而，这真的是事实吗？

21天的由来

实际上，这个说法最初是来自美国哥伦比亚大学的一位外科医学博士马克斯韦尔·马尔茨（Maxwell Maltz）。他在20世纪30年代写了一本著名的畅销书《心理控制术》（*Psycho-Cybernetics*），书中介绍了他发现很多由他做整形手术的用户，需要大概21天的时间，才能够接受自己整容后的新面孔[1]。因此，他认为一个人形成一个习惯，大概需要21天。但是这个说法并没有太多的科学依据。

科学研究揭示的习惯养成时间

那么，形成一个习惯到底需要多久呢？后续，全球各个科

---

[1] MALTZ M. Psycho-cybernetics: Updated and expanded[M]. Penguin, 2015.

研团队做了大量的研究，包括针对学习习惯、生活习惯等各类习惯的追踪研究。其中比较能够达成共识的是伦敦大学学院的一项研究结果。该研究发现参与者平均需要 66 天的时间才能将一个新的行为变成自动化的习惯[1]。研究中有些参与者用了 18 天，而有些则用了 254 天。因此，这个时间跨度是非常大的，取决于个人及其所培养的习惯类型。

总结

理解习惯养成的时间跨度和科学依据，可以帮助我们更好地设定期望并坚持下去。21 天的说法虽然广为流传，但并不完全准确。真正的习惯形成可能需要更长的时间，但通过设定具体目标、建立固定的环境线索和保持耐心，我们可以成功地培养并维持良好的习惯。

表 10-1 提供了习惯养成难度的测量工具表，其中每项评分为 1～5 分，1 为最低，5 为最高。

表 10-1　习惯养成难度测量工具表

影响因素	说明	评分
认同度	孩子对这个习惯的认同度、兴趣或意愿有多高	○1 ○2 ○3 ○4 ○5
行为条件	习惯发生的条件的复杂度有多高	○1 ○2 ○3 ○4 ○5

---

[1] LALLY P, VAN JAARSVELD C H M, POTTS H W W, et al. How are habits formed: Modelling habit formation in the real world[J]. European journal of social psychology, 2010, 40(6): 998-1009.

（续）

影响因素	说明	评分
线索明确性	习惯发生的线索（如时间、地点）的稳定性和明显度是多少	○1 ○2 ○3 ○4 ○5
习惯性质	这个习惯本身的性质的复杂度有多高	○1 ○2 ○3 ○4 ○5
与旧习惯竞争	新习惯与孩子已有的习惯产生竞争或冲突的程度有多大	○1 ○2 ○3 ○4 ○5
奖励与反馈	孩子在做出这个习惯行为后，得到及时且积极的奖励和反馈的可能性有多高	○1 ○2 ○3 ○4 ○5
持续时间	这个习惯要求的持续时间的长短，如每天投入的时间的长短	○1 ○2 ○3 ○4 ○5

说明：其中，"认同度""线索明确性""奖励与反馈"这三条的评分在计算最终的总分时，具有特殊性，须将分数进行转换，即若评分为1分，则在计算总分时，须将其转换为5分，依此类推。

分析结果如下。

评分15~20：习惯养成难度较小，有利于快速形成。

评分21~30：习惯养成有一定难度，需要家长适度的引导和支持。

评分31~35：习惯养成难度较大，可能需要特别的策略和持续的关注。

评分36以上：习惯养成难度极大，家长需要高度的耐心和长期的支持。

习惯的黄金三角

想象一下,小明每天放学回家,第一件事情就是把书包扔到一边,然后开始玩游戏。他从未思考过为什么要这样做,但他总是这样做。这与我们要讨论的习惯的"黄金三角"理论息息相关。

习惯的黄金三角包括:

- **线索触发**。
- **程序化记忆**。
- **自动化行为**。

让我们逐个解析这些元素。

1. 线索触发

每当小明回到家,看到他的游戏机,这个熟悉的场景就像是一个隐形的开关,提醒他"是时候放松了"。家的环境、声音,甚至是家长的问候,都像是一种信号,直达他的脑海。这些就是线索触发。

在有良好学习习惯的孩子中,类似的线索也存在。例如,当孩子进入书房或者坐在书桌前,他们可能就会联想到学习或完成作业。这种环境或情境的线索可以帮助孩子更快进入学习状态。例如,如果孩子在特定的时间坐在书桌前,他们可能就会自动拿出作业,开始学习。

2. 程序化记忆

小明每天回家后的行为模式,其实是他大脑中形成的一种程序。通过不断重复某些行为,他的大脑为这些动作编写了一套程序化记忆。当他看到游戏机时,这个程序就会自动启动,无须额外思考。

对于养成良好学习习惯的孩子来说，程序化记忆可能表现为每天放学后自动拿出作业本。通过重复这样的行为，他们的大脑为其编写了一个程序，使得这个行为逐渐变得自动化。比如，每天放学后，孩子可能会习惯性地先检查作业任务，这种行为一旦成为习惯，就不需要外界的提示。

3. 自动化行为

随着时间的推移，小明的这些行为不再是有意识地选择，而是变得自动化。当他回到家，不需要任何提示或提醒，他的身体就自然地知道该做什么。这就是自动化行为的力量。

同样地，对于有良好学习习惯的孩子来说，一旦形成了每天在固定时间学习的习惯，到了那个时间点，他们就会自然而然地开始学习，而不需要外界的强制提醒。这种自动化行为可以大大减少家长的监督压力。

习惯的开关：黄金三角之线索触发

正如小明每次回家都玩游戏一样，习惯的行为通常都是由某种线索触发的。换句话说，特定的环境或情境会引发我们的某个习惯行为。当孩子看到书桌，他们可能就会想到学习，就像许多学生在教室里会自然地拿出笔记本。这就是环境或情境线索触发了习惯行为。如果你曾经在某个情境下不自觉地做过某事，那么很可能这个行为就是由线索触发的习惯。这是习惯形成过程中的第一步，也是最为关键的部分。

线索触发与日常的选择和决策是有区别的。它像一个隐藏的开关，一旦被按下，某个固定的行为就会自动启动。你可能不曾注意到它，但它在日常生活中起着至关重要的作用。

> **案例分析**
>
> ### 线索触发的实际应用
>
> 小刚养成了在睡前复习的习惯,那么对于他来说,床不仅仅是一个休息的地方,它也成了触发他复习的线索。每次他看到床,手中就不由自主地想要拿起书。这并不是他有意为之的决策,而是线索触发了他的习惯。
>
> 再举一个更为普遍的例子:书桌。你见到多少次孩子在书桌前自觉地开始写作业?这样的行为看似自发,其实是高度自动化的。对于他们,书桌成了启动"学习模式"的线索。有趣的是,他们可能自己都不清楚为什么坐到书桌前就会想到学习。这就是线索的神奇之处。

简而言之,线索触发是习惯形成中最基本的元素。它是习惯的开端,是使我们的行为从需要意志努力转为自动化的催化剂。当我们明白了这一点,我们就能更有意识地识别这些线索,并利用它们来塑造更好的习惯。

例如,你如果希望孩子养成每天写作业的习惯,可以在家里为孩子设立一个固定的学习角。每次孩子一进入那个区域,就意味着开始学习。这种环境线索能够帮助孩子更快地进入学习状态,并逐渐形成习惯。

理解习惯的黄金三角理论可以帮助我们更好地解码日常行为。通过识别并利用线索触发,我们可以更有效地培养和保持良好的习惯,帮助孩子更好地管理自己的行为,最终形成积极的学习生活方式。希望这些方法和工具能为家长在教育孩子的过程中提供有效的支持。

习惯的行为程序：黄金三角之程序化记忆

小明每天放学回家，把书包扔在一边，打开游戏机，开始玩游戏。这一系列行为对于小明来说，几乎从未改变，即使是在学习压力大的时候。这种看似简单的动作背后，其实有一个非常有趣的心理机制。

当我们多次重复某个行为，大脑会为其编写一种程序，使得这个行为变得自动化。每当我们进入一个熟悉的环境或面对一个特定的刺激，这个程序就会自动启动，而无须我们有意识地去思考。

> 以一名学生为例，当他们初次接触某一科目时，每次学习可能都需要大量的专注力和思考。但经过反复的练习和学习，学习这门科目就会变得越来越顺畅。每次他们打开书本，手中的笔仿佛自动开始记录重要内容。这并不是因为他们每次都刻意思考怎么做，而是因为他们的大脑已经为这些动作写下了一套行为程序。

这就是习惯的第二个特征：程序化记忆。这套行为程序一旦在大脑中建立，我们就可以在面对类似的情境时，无须太多思考，自动按照这个程序来执行动作。这也解释了为什么习惯会显得如此稳定。

习惯的自动驾驶模式：黄金三角之自动化行为

习惯的第三个特征，我们称之为自动化行为。简单来说，这就意味着，一旦我们养成某个习惯，只要有一个相关的触发因素或线索，我们就会不假思索地进行某种行为。

1. 自动化行为的力量

想象这样一个场景。在生活中,许多人早上起床后的第一件事就是刷牙。一天天过去,这成了习惯。有一天,你半夜醒来,迷迷糊糊地走进了浴室,当你看到牙刷时,手不自觉地伸向牙膏,开始了刷牙的动作。这并不是你有意识地决定刷牙,而是看到牙刷这一线索,直接触发了你的刷牙行为。

这就像那些小时候养成良好学习习惯的孩子,即使多年后再次拿起书本,也会自然而然地进入学习状态。这种反应并不是他们有意识的选择,而是个体通过长期的习惯形成了自动化行为。

因此,这种看到某物或遭遇某种情境就直接做出特定反应的行为,其实是大脑的一种节能模式。我们不用每次都去思考怎么做,而是自动地按照以前的模式来行动。这种无须思考、自动做出行为的性质,正是习惯的魔力所在。

2. 帮助孩子真正养成学习习惯的实用建议

- **建立稳定的线索**:为每一个学习习惯建立固定的触发线索。例如,固定的时间、地点或学习前的仪式动作。
- **强化程序化记忆**:通过反复练习和正面反馈,帮助孩子在大脑中建立起稳定的学习行为程序。
- **培养自动化行为**:鼓励孩子在没有外部奖励或惩罚的情况下,自主完成学习任务,让学习行为逐渐内化为生活的一部分。

习惯的持久性和真正的内化是养成良好学习习惯的关键。通过理解习惯的三大特征——线索触发、程序化记忆和自动化行为,我们可以更好地帮助孩子培养并保持他们的学习习惯。这不仅有助于他们在学业上取得成功,也能为他们的生活提供长久的积极影响。

本章总结

1. **学习习惯的形成过程**
   - **行为的学习阶段**：孩子在家长引导下有意识地完成学习任务，此阶段依赖外部提示。
   - **习惯化自动反应阶段**：经过反复实践，行为逐渐成为自动反应，孩子自觉完成任务。

2. **判断习惯养成的金标准**
   - **金标准一**：不假思索的反应。
   - **金标准二**：对奖励与规则的不敏感性。

3. **习惯的黄金三角**
   - **线索触发**：特定环境或情境触发行为，帮助孩子进入学习状态。
   - **程序化记忆**：通过重复，行为逐渐成为大脑中的程序，被自动执行。
   - **自动化行为**：行为变得无须思考，自然发生。

　　理解习惯养成的原理可以帮助家长有效地支持孩子形成稳定的学习习惯。通过线索触发、程序化记忆和自动化行为，家长可以更好地帮助孩子建立和巩固学习习惯。

第 11 章

好的学习习惯如何养成

孩子愿意学习是进步的开始,而拥有好的学习习惯则是保持持续领先的秘诀。那么,好的学习习惯到底应该如何养成呢?

首先,好的学习习惯源于好的学习行为。习惯最大的秘密在于,大脑会将经常重复的行为视为不需要监控或改变的内容,并将其打包成一个自动化的行为包。这个自动化行为包的形成减少了个体在认知上需要付出的努力和监控,使得这些行为在受到线索刺激后,就能按照既定的程序自动发生。本质上,习惯的产生是为了减少重复认知消耗的过程。当大量有效学习行为组合成若干个良好的学习习惯时,本来需要依靠认知努力和意识监控才能实现的有效学习行为,就变成了自动发生的习惯化动作。这对长期需要重复进行的学习过程来说,良好的学习习惯是学生之间拉开学业表现差距的最大秘诀。

示范与积极反馈

孩子们天生具有模仿的能力,他们的眼睛时刻注视着家长的言行。因此,家长的示范对于孩子习惯的养成至关重要。与此同时,积极反馈是推动习惯养成的"催化剂"。在本节中,我们将"积极反馈"分为两种类型。

- **外界的被动积极反馈**:家长或老师通过表扬、鼓励等方式传递的肯定信息。
- **内部的主动积极反馈**:孩子在完成任务后,自身产生的成就感、兴趣或快乐感受。

这两种积极反馈相辅相成,共同促进孩子行为的巩固与习惯的形成。

1. 示范的力量

一个习惯的养成,往往始于某一次偶然的行为。以学习习惯为例,最开始孩子可能并不习惯每天做作业或复习功课。但当他们看到家长每天在固定时间段内阅读、学习或处理工作事务时,孩子对学习习惯就有了初步的认知,这就是家长的示范在潜移默化地起作用。家长的行为示范不仅提供了明确的榜样,还能成为孩子模仿的起点。

2. 外界的被动积极反馈

在孩子完成某个行为后,家长及时给予表扬和鼓励,是帮助孩子意识到行为积极意义的重要方式。例如,在孩子某次自觉完成作业后,家长的一句"今天你很认真,表现特别棒"会让孩子感受到被肯定的喜悦。这种外界传递的积极反馈,能够为行为打上"值得重复"的标签,从而激励孩子继续坚持。

3. 内部的主动积极反馈

随着行为的重复,孩子可能逐渐在某些学习活动中找到乐趣或成就感。这种由内而生的快乐和满足感,是使学习更加持久的动力。例如,孩子在完成作业后感受到任务完成的轻松,或者发现知识掌握带来了自信感,这些内部反馈让他们更加愿意主动坚持学习行为。

4. 示范与反馈的结合

示范和积极反馈的结合,是培养孩子习惯的核心。家长不仅需要通过自身行为为孩子提供正面的学习榜样,还要通过表扬和鼓励激发孩子的兴趣。最终,当孩子开始从内部获得主动积极反馈时,他们的习惯才真正稳固并内化为一种自我驱动的行为模式。

通过这两种积极反馈和示范的共同作用,孩子的良好习惯可以逐渐建立起来,从偶然的行为发展为稳定的日常习惯。家长的关键角色不仅在于"做榜样",还在于成为孩子行为旅程中最可靠的支持者和鼓励者。例如,孩子如果看到家长每天晚上都会在餐后坐在书桌前拿起书或资料学习,他就能感受到学习的重要性和价值。如果家长在孩子自觉完成作业后,给予具体的赞美,如"你今天很专心地完成了作业,做得很好",孩子会感到被认可和鼓励。这种肯定不仅仅是对行为的鼓励,更是对孩子努力的认可,使他们愿意再次重复这种行为。

案例分析

阅读习惯的养成

假设一个孩子被某本书的封面或故事吸引,开始了阅读。当孩子从中找到乐趣时,这就是第一次的良好反馈。同时,家长的鼓励、夸奖和陪伴,也能增强孩子对阅读的积极感受。

随着孩子逐渐感受到阅读的乐趣,家长需要继续支持这种行为。例如,在家庭活动中,讨论书中的故事情节,或者鼓励孩子分享读书心得,让阅读成为一种有趣且富有参与性的活动,而不仅仅是独自的任务。

为了进一步巩固这一习惯,家长可以设定固定的阅读时间,比如每天睡前半小时。这样,孩子会逐渐习惯在特定的时间段阅读书籍。家长还可以在家里创造一个舒适的阅读角,让孩子觉得这是一个专属于阅读的地方。

在这个过程中,孩子的阅读行为会随着重复和积极的反馈,逐渐内化为自动化的程序。当孩子在特定时间或地点,自然而然地拿起书本开始阅读时,说明阅读已经成为他们生活的一部分。

例如,孩子可能在周末的午后,自然而然地选择阅读而不是玩游戏。这种不需要外力推动的行为转变,正是习惯养成的标志。家长在这个过程中,扮演着重要的角色:不仅是资源和环境的提供者,更是激发和维持孩子兴趣的关键人物。

通过以上的方法和策略,不论是阅读习惯、写作业的习惯,还是规律作息的习惯,家长都可以帮助孩子顺利养成。关键在于持续的正面引导和反馈,以及创造有利于行为重复的环境。

> 在一个温馨的家庭环境中,每个孩子都有可能成为一个爱读书、爱学习的孩子。良好的学习习惯,不仅有助于孩子的学业表现,更能为他们的未来生活打下坚实的基础。家长在这个过程中,应注重示范和积极反馈的运用,帮助孩子顺利迈向学习的成功之路。
>
> 良好学习习惯的形成过程,就像种植一棵树,从播种到生根发芽,再到茁壮成长,都需要时间和耐心。通过正确的方法和引导,家长可以帮助孩子养成终身受益的学习习惯。

学习习惯养成的 3W 原则:天时、地利与人和

在养成良好学习习惯的过程中,时间、地点和人际互动这三者的协调配合至关重要。我们可以称之为习惯养成的 3W 原则:天时(when)、地利(where)与人和(who)。这三者的结合,可以有效促进孩子良好习惯的形成和巩固。

1. 天时:在最佳时间学习

就像种植一棵树一样,选择适当的时间播种非常重要。对于孩子的学习习惯来说,让他们选择自己情绪稳定、精力充沛的时段进行学习,可以事半功倍。例如,每天晚餐后,安排固定的时间段用于阅读或完成作业,这不仅有助于孩子形成规律,还可以让孩子在特定时间内专注于学习。

2. 地利:固定的学习地点

同样,学习环境对习惯的养成有着深远的影响。在一个固定

的地点进行学习，可以帮助孩子更快地进入状态。比如，为孩子设立一个专门的学习角落，无论是在书房的一角，还是在家中的某个固定区域，这种稳定的环境能增强孩子的安全感和专注力，使他们在学习时更容易进入"学习模式"。

3. 人和：人际互动的力量

在学习习惯的形成过程中，人际互动不可或缺。家长的陪伴和鼓励、与朋友或兄弟姐妹共同学习，都可以成为孩子建立和保持学习习惯的支持系统。例如，在孩子读书时，家长可以一起阅读或者讨论书中的内容，这种互动不仅能增强孩子的学习兴趣，还能加深亲子关系。群体的支持和陪伴，会大大提高习惯的持续性和稳定性。

"两阶段，六环节"——学习习惯养成的方法论

学习习惯是学生取得长期成功的基础，而培养良好的学习习惯对许多家长来说是一个不小的挑战。很多家长常常为孩子不按时完成作业、上课注意力不集中、学习过程中频繁分心而感到困扰。这些问题直接影响孩子的学业表现和学习效率，是典型的学习习惯问题。"两阶段，六环节"旨在帮助家长解决这些常见的痛点问题，指导家长有效培养孩子的学习习惯，好习惯培养要牢牢抓住以下环节（见表11-1）。

表 11-1 "两阶段，六环节"好习惯养成流程表

第一阶段： 目标行为的明确、 试行与验证	环节一：与孩子沟通，明确目标行为
	环节二：实际操作与体验，试行目标行为
	环节三：行为验证——连续实践与检验目标行为
第二阶段： 习惯的形成与巩固	环节一：构建稳定环境与明确线索
	环节二：设定随机奖励与减少阻力
	环节三：高密度重复行为，与习惯深度联结

第一阶段：目标行为的明确、试行与验证

在培养孩子的学习习惯之前，家长和孩子需要明确具体的学习目标。这一步骤至关重要，因为只有在双方达成共识的基础上，才能有针对性地制订计划和实施措施。

1. 环节一：与孩子沟通，明确目标行为

家长应与孩子进行深入的对话，明确希望完成的学习行为。讨论中，家长与孩子需要探讨以下问题。

- 希望完成的事情是什么？
- 这一行为的具体步骤有哪些？
- 家长期待的时间、地点、任务及细节是怎样的？

这些问题的探讨有助于双方达成共识，明确具体的学习目标。

以很多家长头疼的作业拖延问题为例，家长可以与孩子一起

制订一个作业计划，明确每天放学后写作业的时间和具体步骤。这种明确的安排有助于孩子建立清晰的学习目标和行为预期。

2. 环节二：实际操作与体验，试行目标行为

在明确了目标行为后，家长和孩子可以开始试行。例如，家长可以陪同孩子一起完成作业，观察其专注度和反应。在试行过程中，家长应注意观察以下方面。

- 预设的目标行为是否适合？
- 在过程中，哪些元素能够促进行为的进行？
- 存在哪些可能的障碍因素？
- 对于预设的行为标准，是否需要进行某些微调？

这些观察有助于家长评估目标行为的可行性和有效性，并进行必要的调整。

3. 环节三：行为验证——连续实践与检验目标行为

在试行阶段后，家长和孩子应继续保持这一行为的连续性，观察效果。例如，如果孩子能够连续一周在固定时间内完成作业，这表明他们已经初步适应了这个新习惯。此环节包括以下主要目标。

- **确认固定线索的可靠性**：确保每次的行为都能在相同的线索下触发，从而达到行为自动化，进而形成一个稳定的习惯。
- **考量行为的重复性**：习惯的核心在于重复。确保目标行为不仅可以被执行，还要确保它是简单、有趣且能被反复执行的。

- **检验行为的稳定性：** 连续执行某一行为，有助于评估其稳定性和可操作性，确保它在多种情境中都能得以执行。

第二阶段：习惯的形成与巩固

一旦目标行为得到确认并初步验证，接下来就是帮助孩子巩固这些行为，使其内化为自然的学习习惯。这一阶段的关键在于一致性和支持，确保孩子在没有外部压力的情况下，仍能持续进行这些行为。

1. 环节一：构建稳定环境与明确线索

家长应为孩子创造一个专门的学习空间，提供必要的学习工具和资源。例如，一张整洁的书桌和一把舒适的椅子，有助于孩子专注学习。家长还可以在这个区域放置时间表或提醒卡片，帮助孩子建立学习的仪式感。

2. 环节二：设定随机奖励与减少阻力

为了保持孩子的积极性，家长可以设定一些随机奖励，如完成一周的学习任务后可以获得一些额外的娱乐时间或小礼物。这种奖励机制不仅增加了孩子的学习乐趣，也让他们对每次的学习充满期待。

家长应尽量减少孩子在学习过程中可能遇到的阻力。例如，为孩子提供必要的学习资料，帮助他们解决遇到的问题。

3. 环节三：高密度重复行为，与习惯深度联结

（1）持续的行为练习

通过每天的重复，孩子逐渐将这些学习行为内化为自然的选择。家长应确保这些行为高密度重复，比如每天在同一时间进

行学习活动。这种稳定性和一致性有助于孩子养成良好的学习习惯，使他们不再依赖外部的监督和奖励。

（2）绑定环境线索与行为

在习惯的形成中，关键是高频率地将线索和行为进行绑定。例如，每次孩子回到书房时，就是学习的时间。这个书房即环境线索。通过高密度的重复，孩子在遇到这些线索时，能够自动地执行目标行为，而无须额外推动。

（3）总结与反思

培养良好的学习习惯是一个循序渐进的过程。家长在这个过程中扮演着重要的支持者和引导者的角色。通过明确目标、实际操作、持续调整、营造合适环境、提供支持和奖励，孩子们不仅能克服学习中的常见问题，还能培养出自主学习的能力。最终，这些习惯将成为他们日常生活的一部分，为未来的学习和生活打下坚实的基础。

通过这种深入的理解和细致的引导，家长不仅能帮助孩子提高学业成绩，也会在孩子的成长过程中起到不可或缺的作用。家长的支持和鼓励，是孩子成长路上最温暖的力量。

案例分析

小明频繁转学带来学习环境变动

小明是一个13岁的男孩，他出于家庭原因经常转学。在过去的4年里，他已经更换了3所学校。每次转学，都意味着他需要适应一个全新的环境，包括新的教室、新的老师和同学，以及新的上学路线。

(1) 线索的不稳定性

习惯形成需要稳定的线索，但小明的学习环境经常发生变化，这意味着他无法固定下来一个与学习相关的线索。例如，当他开始习惯于一个教室的布局和氛围，并适应了与老师和同学的互动方式时，又要换到一个全新的学校，重新适应。这种不断的变化使得小明很难在一个稳定的线索下形成学习习惯。

(2) 高密度的重复受阻

习惯的形成需要高密度的重复。然而，每次转学都意味着小明需要花费时间和精力去适应新环境，而在这个过程中，他的学习可能会受到影响，难以保持之前的连续性和密度。

(3) 获得奖励的不确定性

每所学校的教学方法和奖惩制度都可能有所不同。这意味着小明在前一所学校得到的奖励，可能在下一所学校无法再得到。这种获得奖励的不确定性使得小明难以将学习行为与正向反馈有效地联结起来。

每次更换学校，小明都需要重新建立与环境的联系，以及在这个环境下的学习行为。正当他开始建立某种习惯，与之关联的环境又发生了变化，使得之前的努力化为泡影。学校或学习环境的经常性变化打破了习惯形成的许多关键因素：稳定的线索、高密度的重复和与行为相应的奖励等。因此，经常转学或在多变的环境中学习，无疑增加了孩子形成稳定学习习惯的难度。

习惯的形成是一个复杂的过程，涉及认知、情感和行为三个层面。在行为还没有变成习惯的初级阶段，人们需要为自己的行为寻找理由。但随着时间的推移，当一个行为重复得足够多，它就会变得自动化，这时我们就不再需要为它寻找理由，它就成了习惯。

如何帮助小明在频繁的变化中形成习惯

尽管小明的学习环境经常变化，我们仍然可以通过一些方法帮助他建立并巩固学习习惯。

- **打造家庭学习环境**：在家中为小明设置一个固定的学习区域，无论他转到哪个学校，这个家庭学习区域都不变。这样可以为他提供一个稳定的学习环境。
- **制订家庭学习时间表**：让小明每天在固定的时间写作业或阅读，这样可以保持行为的高密度重复，即使在适应新学校的时期内，也不会中断学习习惯的培养。
- **家长提供稳定的奖励机制**：家长可以在家庭内部设立一个稳定的奖励制度，如完成作业后可以获得一定的奖励，这样即使学校的奖励制度不同，家庭的奖励机制还可以保持一致。
- **情感支持和积极反馈**：家长和老师应提供情感支持，帮助小明适应新的环境，并在他完成目标行为时给予及时的积极反馈，强化他的学习行为。

通过以上方法，我们可以在某种程度上减轻频繁转学对小明学习习惯形成的负面影响，帮助他在变化中找到稳定的习惯培养路径。

本章小结

1. 示范与积极反馈

   - **模仿与示范**：孩子天生具有模仿能力，家长的行为对孩子有强大的示范作用。家长通过自己坚持学习，为孩子树立榜样，促使孩子自觉模仿。
   - **积极反馈**：积极的反馈是习惯养成的关键。当孩子表现出正确的学习行为时，及时给予夸赞和鼓励，增强孩子对该行为的认同，从而促进习惯的养成。

2. 学习习惯养成的 3W 原则

   - **天时**：选择适合的时间进行学习，可以提高学习效果。
   - **地利**：固定的学习地点能帮助孩子建立学习的安全感并促进集中注意力。
   - **人和**：良好的人际互动能够增强学习习惯的稳定性。家长的陪伴和鼓励、与同伴或兄弟姐妹的共同学习，都是支持孩子养成学习习惯的重要因素。

3. "两阶段，六环节"——学习习惯养成的方法论

   - **第一阶段：目标行为的明确试行与验证**
     - **明确目标行为**：家长与孩子共同讨论，明确学习目标和具体步骤。
     - **试行目标行为**：进行实际操作，设定一个试行阶段。

- **行为验证**：通过连续实践检验目标行为的可靠性和稳定性。家长须确保孩子能在特定的时间和环境下重复行为，观察该行为是否能在无外部干预的情况下保持稳定。

　　通过第一阶段的验证，家长和孩子能够确认目标行为是否切实可行，为下一阶段的习惯形成奠定基础。这个阶段的重点并不是追求完美执行，而是确保目标明确、步骤合理，为孩子提供实践和调整的空间。

■ 第二阶段：习惯的形成与巩固
- **构建稳定环境与明确线索**：将学习行为与固定的时间和地点建立关联，让孩子形成条件反射，快速进入学习状态。
- **设定随机奖励与减少阻力**：在行为形成的初期，适当加入奖励机制，能为孩子增加学习的乐趣。同时，减少学习过程中的阻力，能够降低执行行为时的心理负担和挫败感。
- **高密度重复行为，与习惯深度联结**：行为的重复是习惯养成的关键。通过高频率地重复行为，孩子能够将目标行为转化为自然的习惯。

　　通过这一阶段的实践，孩子的目标行为可以逐渐从依赖外部推动转变为自发执行，最终成为稳定的习惯。家长在这一阶段的作用是提供持续的支持与适当的引导，帮助孩子在无外部压力的情况下保持行为的稳定性。

第 12 章

坏的学习习惯如何矫正

在孩子的学习过程中,家长常常在欣慰与困惑之间徘徊,特别是面对孩子那些令人担忧的坏的学习习惯时。这些习惯表面上看似无关紧要,但如果不加以纠正,可能会对孩子的未来产生深远的负面影响。例如,孩子笔迹潦草不仅仅是书写态度的问题,更反映了他对待学习任务的不认真;上学迟到不仅说明孩子在时间管理方面存在问题,还可能让孩子错过重要的学习内容;说关于成绩的谎不仅是诚信问题,还可能让孩子忽视真实的学习不足,阻碍他们进步;频繁在学习时因游戏或社交软件而分心,则可能导致孩子注意力难以集中,学习效率下降,从而长期影响他们的学习成果。

面对这些问题,家长的责任和使命是帮助孩子改正这些不良行为。矫正坏的学习习惯需要深入理解坏的学习习惯形成的原理以及矫正的方法。家长需要耐心地引导孩子,逐步帮助他们养成更好的学习习惯。

坏的学习习惯形成的原理

　　坏的学习习惯和好的学习习惯一样，都是通过重复的行为模式形成的。当孩子反复进行某种行为时，这些行为逐渐脱离了意识的控制。例如，孩子可能在放学后立即打开电视，而不是先完成作业。这种行为最初可能是为了放松或娱乐，但随着时间的推移，孩子不再思考为什么要这样做，而是自然而然地进行，比如孩子在做作业时习惯性地拖延，或者在学习时分心。这就像开车时自动知道要在某个路口转弯一样，无须思考。这种自动化的行为不需要任何额外的动力或诱因，是一种条件反射。对于家长来说，这种习惯的存在使得劝说或说理变得困难，因为孩子的行为已经不再依赖于逻辑思考或意识控制。

坏的学习习惯形成的过程

案例分析

　　小明平时完成作业的效率不高，经常拖延。有一天，他放学回家后，本来打算先完成作业再玩游戏，但一时兴起就直接打开了电脑开始玩游戏。当妈妈提醒他作业还没做时，他随口说了一句"马上就写"，结果却沉迷于游戏，忘记了时间。等妈妈再次提醒时，已经到了睡觉的时间，作业完全没有动。

　　解析：坏习惯的初始往往源于某个线索与行为的偶然结合，产生了不良的后果。小明在放学后直接玩游戏，这一行为的偶然出现，成了日后他拖延作业的起点。

　　接下来的几天，小明每次放学回家都会习惯性地打开电脑玩游戏，作业总是被拖到最后才开始。他发现，妈妈并没有真正生气,只是提醒了几次,最后还是允许他在睡前匆忙完成作业。小明渐渐形成了放学后先玩游戏再做作业的习惯,而这种行为模式似乎并没有立即带来明显的负面后果。

解析:行为的重复将初次行为和对应的线索深度绑定。小明在放学后玩游戏的行为不断重复,使这一模式成为习惯。

小明的这种情况非常常见,许多家长可能也遇到过类似的情况。以下是小明养成做作业拖延的坏习惯的具体步骤。

- **注意到线索**:小明放学回家后,看到电脑(线索)。
- **不良行为的初次发生**:小明在放学后玩游戏而不做作业,得到了短暂的娱乐和放松(初次不良行为)。
- **获得奖励**:小明在玩游戏中获得了愉悦感,且没有立即面临严重后果。
- **习惯的循环**:下次小明再看到电脑时,又想玩游戏,而不是做作业,坏习惯就循环形成了。

坏习惯的形成可以归纳为"习惯三角",即线索 - 行为 - 奖励的循环。随着时间的推移,这个循环会逐渐自动化,变成孩子的下意识行为。

坏的学习习惯背后是孩子的深层需求

在面对孩子的坏的学习习惯时,如拖延作业、上课注意力不集中或经常忘记带学习用品,家长的第一反应通常是制止这些行为。然而,更为关键的是理解这些习惯背后隐藏的深层需求。只有当我们真正理解这些需求时,才能有效地帮助孩子改正行为,并培养更健康的学习习惯。

坏的学习习惯能够吸引孩子,核心原因在于它们能够满足某种潜在需求,即使这种满足是短暂的。例如,孩子拖延作业,沉迷手机游戏,并不仅仅是因为不喜欢做作业,更是因为这种坏的学习习惯实际上是在试图满足孩子的某些需求。

- **愉悦需求**:当孩子觉得生活和学习无趣时,手机和游戏可能成为他们获取快乐的来源。
- **掌控感需求**:如果孩子在学业上没有取得进展,或感觉生活被家长严格监管,他们可能通过游戏找到掌控感。在游戏中,他们可以自由掌控进程和节奏。
- **社交需求**:当孩子缺乏现实中的朋友,或与家长缺少沟通,他们可能通过手机与他人交流,获得社交满足。

通过理解孩子沉迷手机等行为背后的真实需求,家长可以更有效地帮助孩子改正这些行为。例如,如果孩子缺乏社交互动,家长可以鼓励他们参加社交活动,结交新朋友,或者通过家庭活动增加互动。如果孩子感到生活中缺乏掌控感,家长可以给予他们更多的自主空间,让他们参与家庭决策。

这种对孩子真实需求的深入理解,是帮助他们克服坏习惯的关键步骤。越精准地了解孩子的需求,效果就会越显著。

矫正坏的学习习惯的路线图

在理解了坏习惯形成的原理后,我们可以设计出一条矫正坏习惯的路线图,帮助孩子矫正学习与成长中的各种不良习惯。家长可以按照这张路线图，一步步分析和解决孩子的坏习惯问题。

首先，要明确具体的坏习惯行为。一次只讨论一个坏习惯，一次只解决一个问题，这样才能集中精力，确保有效解决问题。当确认好要矫正的坏的学习习惯后，大家可以利用以下几条途径帮助孩子改正不好的学习习惯。

途径一：环境线索清除技术

习惯的行为模式通常由特定的环境线索激活。因此，矫正坏的学习习惯的关键是找到这些环境线索并加以清除。直接消除坏习惯的诱发线索，是最为直接和简单的方式。

1. 生活中的例子

- **沉迷玩手机游戏**：受到游戏图标或通知的诱发。
- **夜间吃零食的习惯**：受到夜宵摊位或家中零食的视觉诱发。
- **睡前过度使用手机**：受到手机应用程序图标的诱发。
- **学习时分心**：受到书桌上手机或其他娱乐设备的诱发。

2. 实例解析：学习中的分心行为

一个典型的坏习惯是孩子在学习时分心，可能是因为在学习区域内有太多分心的环境线索，如手机、游戏机或其他娱乐设备。解决这个问题的关键在于清除这些诱发行为的线索。

3. 解决方法

- **清除分心物品**：将手机等娱乐设备移出学习区域。
- **建立清晰的学习与娱乐区域**：确保学习区仅用于学习活动，而娱乐活动在其他特定区域进行。

- **设立明确的学习和休息时间：**使孩子知道何时应该专注学习，何时可以放松娱乐。

> **案例分析**
>
> 孩子的作业马虎潦草。
>
> - 关联因素：书桌凌乱，学习时使用手机或听音乐。
> - 矫正重点：整理书桌，设立安静的学习环境，限制学习期间使用手机。
>
> 孩子过度使用手机。
>
> - 关联因素：在学习时间内频繁使用手机。
> - 矫正重点：设置手机使用时间限制，或使用应用程序管理工具来减少手机使用时间。
>
> 通过清除环境线索，可以有效减少坏习惯的发生。例如，家长可以限制孩子在学习区域内使用手机或其他分心物品，确保这些诱发线索不再干扰学习过程。

现在，带大家来学习一下如何填写习惯调查表，见表 12-1。

通过分析，我们得知过度依赖手机的线索，无外乎手机铃声、通知提示音、手机上下载的各类娱乐应用程序等。那么根据这些提示，你能想出哪些措施清除线索呢？我总结了以下三条通用措施，供大家参考，鼓励大家发挥聪明才智，想出更多更棒的方法！

表 12-1　过度使用手机习惯调查表

描述习惯	1. 时间/时机	听到手机提示音或看到娱乐类应用程序
	2. 地点	家里
	3. 谁在场	无人或有一群线上游戏好友
	4. 之前发生的事	经常深夜玩游戏或看视频到凌晨
	5. 发生频率	平均每天 8 小时以上
	6. 情绪状态	渴望、激动、兴奋
	7. 行为后果	小概率被家长批评，大概率无人管教
解构习惯	线索	独自一人待在房间中，听到手机提示音，看到娱乐类应用程序等
	重复	每天看手机时长超过 8 小时
	奖励	心情愉悦，感到满足

- **方法一**：学习时，将手机调至静音模式，并把手机放在视线外。
- **方法二**：关闭不重要的应用程序的消息提醒。
- **方法三**：卸载浪费过多时间的娱乐类应用程序。

途径二：行为解绑技术——解开习惯的锁链

如果环境线索无法清除，我们就选择途径二，采用行为解绑技术来矫正坏的学习习惯。

当我们谈论习惯养成，我们实际上是在讨论行为与其触发因素——即与环境线索之间的紧密联系。每当这些线索出现，某个特定的行为似乎就自动跟随而来，仿佛被某条看不见的锁链拴住了。习惯就是高密度重复的行为与线索的紧密结合，从而导致行为与线索融为一体，只要线索刺激出现，行为就会自动发生。所以最佳方案是把线索刺激清除掉，比如"孟母三迁"这个故事，即改变环境来消除负面诱因，确保孩子身处一个有利于成长的环境。但是，真实世界中并非每个线索都能被轻易去除。

在这种情况下，我们需要另一个方法——行为解绑技术。这个技术的核心是打破习惯的自动循环，目的是减弱或破坏环境线索与特定行为之间的联系。换句话说，即使孩子遇到了熟悉的触发线索，我们也希望他们不再自动地出现习惯性的行为。

行为解绑技术的三种方法

行为解绑技术主要有三种方法来对自动化的行为进行解绑：增加坏习惯被触发的难度；插入一个新行为替换原有坏习惯，与线索形成新的绑定；改变行为带来的体验反馈。

（1）增加习惯触发的难度

我们知道，习惯的形成需要简单的重复。但要打破一个已经存在的习惯，一个有效的策略是增加习惯触发的难度。

> 举个例子，当你想吃点零食时，如果零食就放在你的手边，你很可能会毫不犹豫地拿起来吃。但如果零食被放在高高的柜子上或者被锁在柜子里，你就得考虑是否真的要吃，因为这需要额外的努力。

同样地，如果孩子喜欢玩电子游戏，我们可以考虑将游戏机放在一个不太容易拿到的地方。这种策略的核心思想是：让习惯的触发不再那么轻而易举。这样，孩子在行动之前就有时间重新考虑他的选择。

> 以另一个例子来说，想象一下你家楼下就有一家美味的烧烤店或你家周围五公里内没有一家烧烤店。两种情境下，你的选择可能会大相径庭，因为需要努力的程度完全不同。所以，想要孩子减少对手机的依赖或吃得更健康，首先要做的就是增加习惯触发的难度。

（2）插入一个新行为替换原有坏习惯，与线索形成新的绑定

改变已存在的坏习惯，除了将原有的触发线索和行为解绑，我们还需要为孩子引入一个新的行为来替代旧的习惯。

> 举个例子，以孩子睡前玩手机为例，这一行为的背后可能是孩子希望在学习之后找到一种放松和带来快乐的方式。因此，关键不仅在于停止这一行为，而是要找到其他同样可以带给孩子快乐的活动。例如，孩子可能会对绘画、音乐、阅读或与家人一起进行户外活动产生兴趣。当他们发现这些活动同样能带来乐趣时，对手机的依赖就会减少。

很多家长在劝说孩子减少使用手机时，往往忽略了提供替代活动的重要性。仅仅限制孩子玩手机而不提供其他的娱乐选择，可能会导致孩子感受到快乐的缺失。这种缺失会让他们更加渴望

回到旧习惯，因为那是他们知道的能带来满足感的方法。因此，问题的关键并不只是孩子玩手机这个行为，而是家长需要提供高质量、有趣又健康的活动选择来替代玩手机。只有当这些替代活动真正带给孩子快乐，孩子才会自然而然地放下手机。

（3）改变行为带来的体验反馈

在线索难以改变且线索与行为不易解绑的情况下，其实还有一种改变坏习惯的方法，那就是直接从反馈出发，给予厌恶刺激，弱化已有的行为反馈。行为持续发生，孩子需要随机的奖励反馈，才能保持对行为的愉悦体验。矫正一个坏习惯，需要切断这些积极反馈体验，没有愉快体验，行为才会松动。

> 比如，你家孩子特别喜欢玩某个网络游戏，玩得不亦乐乎。为什么？因为玩得赢、玩得好，给了他满足感。如果我们把游戏的难度调高，让他总是输，或者调低，让他总是赢，那玩起来是不是就没那么有意思了？长时间下去，他可能就不那么喜欢玩这个游戏了。

所以，要让孩子改习惯，有时就得从奖励下手，让坏习惯的奖励没那么诱人。这样，坏习惯自然就会慢慢被孩子改掉了。

> 再举个例子，想象一下，一个孩子总是在超市里看到零食就想要。家长可以选择不给孩子购买他们最喜欢的零食，而是选择一些不太诱人的替代品。随着时间的推移，孩子会逐渐意识到零食并不总是那么好吃，从而降低对零食的兴趣和渴望。

总之，这种策略是在改变与特定行为相关的体验和期望。当期望的积极体验没能如愿实现，行为模式自然会受到挑战，从而有助于我们矫正那些不良习惯。

> **练习**
>
> **矫正孩子沉迷手机的坏习惯**
>
> 采用本章提到的坏习惯矫正方法，来帮助孩子改正沉迷手机的坏习惯。
>
> - **增加坏习惯触发的难度**：将手机放在不容易拿到的地方，为孩子设定手机使用的具体时间和地点。例如，只允许孩子在特定的时间段内使用手机，并且在使用完手机后将其放在一个固定且难以拿到的地方。
> - **插入新行为**：提供其他有趣的活动替代手机使用。可以是绘画、阅读、户外活动等。确保这些活动能够同样带给孩子快乐和满足感。
> - **改变体验反馈**：减少手机使用带来的愉悦感。例如，减少孩子在游戏中获得的奖励次数，或者设定游戏难度，让游戏变得不再那么有趣。同时，增加其他活动的正向反馈，使孩子在这些活动中获得更多的满足感。
>
> 通过这些方法，家长可以帮助孩子逐步减少对手机的依赖，培养健康的生活习惯。这不仅有助于孩子的成长和发展，也能改善家庭氛围，促进亲子关系。

本章总结

1. **坏的学习习惯形成的原理**
   - **习惯能绕过意识控制**：坏的学习习惯通过反复的行为模式形成，逐渐脱离了孩子的意识控制，变成自动化的行为。
   - **行为自动化**：通过反复的行为，坏习惯逐渐形成自动化反应，不再依赖思考或动力，只在特定环境下自然而然发生。

2. **坏的学习习惯形成的过程**
   - **初次行为**：坏习惯的形成通常源于某个偶然的线索与行为的结合。
   - **行为的重复**：随着时间的推移，孩子会反复进行这种行为，形成习惯。
   - **习惯循环**：坏习惯的形成是一个"习惯三角"（线索 – 行为 – 奖励）的循环过程。随着行为的重复，奖励的存在使习惯逐渐变得自动化，成为无意识的行为模式。

3. **坏的学习习惯背后的深层需求**
   - **愉悦需求**：孩子可能觉得学习无趣，通过坏习惯来获取快乐。
   - **掌控感需求**：如果孩子在学业上感到无力，或生活中感到被控制，他们可能通过坏习惯找到掌控感。
   - **社交需求**：缺乏现实中的朋友或沟通时，孩子可能通过手机游戏或社交媒体满足社交需求。

4. 矫正坏的学习习惯的路线图

- **途径一：环境线索清除技术**。通过移除或改变触发不良行为的环境线索来直接减少坏习惯的发生。
- **途径二：行为解绑技术**。增加习惯触发的难度：使触发坏习惯的行为变得不容易发生。

5. 行为解绑技术的三种方法

- **增加习惯触发的难度**：将不良习惯的触发变得更难，帮助孩子重新考虑行为的选择。
- **插入新行为替代坏习惯**：让孩子在面对诱发坏习惯的线索时，选择新的替代行为，帮助他们养成新的习惯。
- **改变行为带来的体验反馈**：调整不良行为带来的即时反馈，减少坏习惯的愉悦感，使不良行为的诱惑力减弱。

通过这些方法，家长可以帮助孩子有效矫正不良学习习惯，并逐步建立起更加健康、有效的学习方式。这不仅能够改善孩子的学习态度，还能为他们未来的学业成功打下坚实的基础。

第四部分

从学习进步到全方位成长

第 13 章

学习品质之心理韧性

> **引导语**
>
> 　　孩子的学习往往是一条充满波折的旅程。当你看着孩子因为一道数学题犯愁,或因一篇作文修改了几遍还是不满意而感到沮丧时,作为家长,你是否也曾无数次地感受到心疼与无奈?你努力告诉孩子坚持下去,但发现,遇到困难时,他们常常轻易选择放弃,甚至对自己的能力产生怀疑。
>
> 　　在学校里,老师们不断提到"努力学习"和"迎难而上",可是在现实中,孩子却容易被短暂的挫折击退——成绩不理想的试卷、需要反复练习的钢琴曲、未能成功完成的科学实验……这些学习中的挑战往往让孩子觉得自己学不好、做不到。每当看到孩子失落而垂头丧气时,许多家长也不禁感叹:"我的孩子缺少那种坚持到底的劲头,为什么他这么容易放弃呢?"

> 其实，在孩子学习的过程中，挫折和失败是学习过程的一部分。而正是在这些时刻，孩子们的心理韧性显得尤为重要。所谓心理韧性，不只是坚持到底的毅力，更是一种在面对失败、遇到困难时，不轻言放弃、能够从挫折中恢复的能力。这种品质是孩子学会如何面对学习过程中的各种变化和挑战的关键。
>
> 心理韧性，不是天生具备的，它是一种可以被培养的心理品质。作为家长，我们需要思考，如何在日常生活和学习情境中帮助孩子，培养这种不轻言放弃的精神，让他们面对学业上的艰难时，能够始终保持一种积极向前的态度。

心理韧性概念的来源和演变

心理韧性的概念最初源于物理学，被称为韧性，描述物体在受到压力或弯曲后恢复原始形状的性质。后来，这一概念被应用于心理学领域，表示人们在遭遇不幸、打击、疾病等情况下快速恢复的能力。心理韧性被定义为"动态系统在面临重大挑战时维持或恢复其稳定、可行性或发展的能力"。在心理健康领域，心理韧性被认为是应对逆境的能力，是个体从显著挑战中恢复过来的过程和结果[1]。

伦敦大学的金伯利·安德森（Kimberley Anderson）等学者对心理韧性进行了系统性综述[1]，她发现最初学术界把心理韧性视为一种相对稳定的个体特质，即一些人天生适应能力较强。

---

[1][1] ANDERSON K, PRIEBE S. Concepts of resilience in adolescent mental health research[J]. Journal of adolescent health，2021，69(5)：689-695.

然而，随后的研究者越来越多地发现，心理韧性也可以通过后天环境和训练来提高。而结果导向的学者把心理韧性看成一种目标或者结果。心理韧性强意味着个体在面对重大压力或逆境（如考试失利或家庭问题）时，能够迅速恢复心理平衡。而宾夕法尼亚大学的西玛·巴特纳格尔（Seema Bhatnagar）指出，心理韧性是一种随时间发展的过程和最终结果，通常表现为从压力事件后的最初反应逐渐回到基线水平[1]。也就是说个体在面对急性或慢性压力时，可能会经历情绪波动，但最终能够相对快速地恢复，并找到新的平衡。

因此可以将心理韧性更多地看成一种过程，或者一种可以提升、可以学习的能力。将心理韧性定义为这样，心理韧性在学习中就成了一种可训练的教育目标。

为什么心理韧性会影响学习

培养心理韧性不仅对孩子在学业上的表现有深远的影响，还关系到他们未来面对生活挑战的能力。研究表明，尽管有些孩子经历了重大压力或逆境，但通过心理韧性的力量，他们可以保持心理健康，并从压力中找到成长的机会[2]。具备高心理韧性的孩子在面对学习挑战时，能够更好地适应复杂的学习环境，调整学习策略，从失败中吸取教训。

心理韧性是一种复杂的心理能力，它对学习的影响可以从以下几个核心机制进行分析。

---

[1] BHATNAGAR S. Rethinking stress resilience[J]. Trends in neurosciences, 2021, 44(12): 936-945.

[2] WEIR K. Maximizing children's resilience[J]. Monitor on psychology, 2017, 48(8): 40-46.

1. 应对压力的神经调节功能

心理韧性高的孩子在面对学习压力时，大脑中的应激反应系统（如下丘脑-垂体-肾上腺轴）通常表现出更高的调节能力。他们的生理应激反应更为稳定，能够迅速适应压力情境，使身体迅速恢复到平衡状态。这种神经调节功能能够有效降低学习压力对认知功能的负面影响，例如注意力不集中、记忆力下降等。研究指出，具有较高心理韧性的孩子的前额叶皮质（负责决策和调节行为的区域）能够更好地调控杏仁核（与情绪反应相关的区域）的活动，从而使情绪反应更加平稳，减轻应激反应对学习的干扰[⊖]。

2. 情绪调节与执行功能的交互作用

心理韧性与情绪调节紧密相连，是实现认知执行功能稳定性的基础。在学习过程中，孩子们不可避免地会遇到挫折和失败，如考试成绩不理想或难以理解某个学习概念。具备高心理韧性的孩子更能有效地调节情绪，使情绪不会影响认知执行功能（如注意力、规划能力、任务完成能力等）。心理韧性高的个体通过情绪调节可以减少负面情绪对认知资源的消耗，从而让个体保持对学习任务的专注与执行。这种机制使得他们在面对学习中的不确定性时，能够维持更好的学习表现。

3. 大脑可塑性与适应性学习

心理韧性还与大脑的可塑性密切相关，尤其是在面对学习挑战和适应新环境时。神经科学研究表明，心理韧性与海马的神经

⊖ STOECKEL M C, ESSER R W, GAMER M, et al. Amygdala response to anticipation of dyspnea is modulated by 5-HTTLPR genotype[J]. Psychophysiology, 2015, 52(7): 973-976.

可塑性有关，海马不仅是学习和记忆的重要部位，也是应对压力和情绪调节的关键区域[1]。高心理韧性的孩子往往表现出更强的海马可塑性，这意味着他们的大脑能够通过学习经验和环境的变化形成新的神经连接，从而在面对失败和学习挑战时，更好地适应和改进策略。简而言之，心理韧性让孩子的大脑对学习经验的响应更加灵活，能够在不断变化的学习环境中优化应对方式。

4. 认知灵活性与策略转换能力

心理韧性的另一个核心功能是增强认知灵活性，即在面对学习中的困难和失败时，能够及时进行策略调整，而不是一味地坚持无效的方式。具备高心理韧性的孩子在面对解决不了的问题时，能够尝试不同的方法，或在受到挫折时，可以转换目标和路径以继续前行。斯托克尔（Stoeckel）等学者指出，这种认知灵活性在高心理韧性个体中更为显著，是因为他们的大脑能够更快速地在不同策略和思维模式之间进行切换，这种灵活的认知模式对于复杂学习任务的成功完成至关重要。

5. 心理韧性作为学习动力的调节器

在学习过程中，动力和自我效能感起着重要的驱动作用，而心理韧性能够充当这一动力系统的调节器。具备心理韧性的孩子即使在面对挫折和暂时的失败时，也能保持学习的动力，因为他们相信自己的努力可以改变结果。这种信念或动力在心理学中被称为"成长型思维"[2]，是心理韧性的重要体现之一。费尔德曼

---

[1] MCEWEN B S. In pursuit of resilience：stress, epigenetics, and brain plasticity[J]. Annals of the New York Academy of Sciences，2016，1373(1)：56-64.

[2] DWECK C. What having a "growth mindset" actually means[J]. Harvard business review，2016，13(2)：2-5.

（Feldman）指出，心理韧性高的孩子在面对学业困难时，能够积极地寻求资源和帮助，并将挑战视为成长的机会，而不是失败的预警[一]。这种积极的应对方式让他们在学习中保持动力和自信，从而在面对反复的学业挑战时不会轻易退缩。

6. 总结

心理韧性通过神经调节、情绪管理、认知灵活性和动力调节等多种机制帮助孩子应对学习中的压力和挑战，从而提高学习效果。心理韧性不仅帮助孩子在面对学业失败时快速恢复，还能在学习过程中增强他们的适应能力，使他们更好地从挫折中学习和成长。因此，培养孩子的心理韧性不仅能提升他们的学业表现，还能为他们未来面对各种生活挑战打下坚实的心理基础。

家长如何帮助孩子提升心理韧性

1. 心理韧性干预的目标及提升原理

心理韧性是孩子应对压力、挫折和挑战时表现出的积极应对能力。它不仅仅是人天生具备的一种特质，更是能通过后天培养而得到显著提升的心理功能。因此，我们在理解如何促进孩子的心理韧性之前，需要先明确韧性干预的目标以及提升的基本原理。

（1）心理韧性干预的目标

心理韧性干预的主要目标是培养孩子在面对各种学习和生活压力时，具备有效应对和自我调节的能力。

心理韧性干预的最终目标是通过一系列具体的培养策略，帮

[一] FELDMAN R. What is resilience : an affiliative neuroscience approach[J]. World psychiatry, 2020, 19(2): 132-150.

助孩子在压力环境下实现以下能力的提升。

- **适应能力**：快速适应环境变化的能力，面对压力和挑战时能够灵活调整自己的情绪和行为。
- **自我调节**：能够有效调节自己的情绪反应，保持心理平衡。
- **坚持能力**：在面对挫折和失败时，不轻易放弃，持续努力找到解决方案。

通过这些靶向地干预和系统地培养，心理韧性可以帮助孩子在学习和生活中表现出更强的稳定性和持久力。

（2）心理韧性提升的原理

提升心理韧性是一个系统化的、基于心理学原理的过程。它包含使用干预策略来改善大脑对情绪和认知的控制能力，强化社交网络中的支持系统，以及形成目标导向的行为模式。这一过程并不是一次性的，而是需要持续的训练和积累，逐渐帮助孩子在应对压力时表现得更为从容。核心原理如下。

- **神经可塑性**：心理韧性的提升依赖于大脑的可塑性，通过训练和反复练习，孩子的大脑会逐渐建立起更强的神经连接，从而在面对挑战时表现出更高的心理韧性。前额叶皮质等与情绪调节和决策有关的大脑区域，会随着适应和训练而变得更有效率。
- **正向反馈机制**：通过设立小目标并不断完成的过程，孩子会获得成就感，这种成就感能够为孩子的大脑奖赏系统提供正向反馈，进而增强他们的信心和继续应对挑战的动力。
- **社交支持的激励作用**：孩子在感受到家庭和同伴的支持时，会激活大脑中的奖赏区域，让他们在面临压力时更愿意尝试新的应对策略。这种来自他人的支持不仅能提升情感上的安全感，也能强化孩子自身的心理韧性。

2. 心理韧性提升的核心机制

心理韧性是一种应对压力和挫折的能力，它并不是一个简单的特质，而是一系列心理功能协同工作的结果。从神经心理学、发展心理学以及社会学的角度出发，我们可以从以下四个核心机制来理解心理韧性。这些机制之间是相互联系的，每一个都对心理韧性的形成和提升起到关键作用。

（1）情绪调节机制

心理韧性的基础在于有效的情绪调节能力。高心理韧性的孩子在面对压力时，能够通过大脑前额叶皮质对情绪中枢进行有效控制，使个体保持冷静与理性。前额叶皮质负责帮助孩子对情绪进行抑制和调节，就像在面临困难时对自己的情绪踩下"刹车"，防止负面情绪泛滥。例如，当孩子在考试中失利时，他们可以通过冷静的情绪调节，避免陷入消极情绪中，从而选择继续努力。

（2）问题解决与认知重构机制

心理韧性还涉及灵活的认知和有效的问题解决能力。具有高心理韧性的孩子在遇到困难时，通常会通过认知重构来调整对困难的理解，而不是被问题困住。认知重构意味着他们能够对同一问题产生不同的理解，从而尝试不同的解决方法。例如，孩子在面对数学难题时，可以从"这太难了"转变为"也许我可以换一种方法试试"，从而促使他们采取更积极的策略来应对挑战。

（3）社交支持机制

社交支持对心理韧性的形成有非常重要的影响。孩子在感受到家庭、学校和同伴的情感支持时，会更容易从挫折中恢复，并更坚定地面对挑战。社交支持能够激活大脑中的奖赏系统，让孩子在面临压力时获得情感上的慰藉和安全感。比如，当孩子在学校受到挫折时，家长和老师的理解和支持可以显著减轻他们的压力，让他们重新建立起对学习的信心。

（4）目标导向与成长型思维机制

心理韧性的第四个核心机制是目标导向与成长型思维。高心理韧性的孩子在面对挑战时，往往具有明确的目标和持久的努力动力。他们把失败视为成长的机会，而不是不可逾越的障碍。这种思维被称为成长型思维，它能够激发孩子在面对困难时的心理韧性，使他们持续不断地调整自己的策略，直到找到解决问题的方法。例如，孩子在学习钢琴时遇到困难，能够通过明确目标和不断地练习，最终克服技术难点。

训练心理韧性的四大工具

通过理解心理韧性的核心机制，我提出了一个可以提升孩子心理韧性的系统，包括四大工具，可以帮助孩子应对学习中的各种挑战。

这四个训练心理韧性的工具基于心理韧性的核心原理，为家长提供了具体的干预手段，使心理韧性的培养更具科学依据和实际操作性。

情绪调节工具

情绪调节是心理韧性培养中的关键一环，因为孩子在学习中会不断面临挑战和失败，这些经历往往伴随着紧张感、挫败感等强烈的情绪。如果这些情绪不能得到有效的管理，就可能阻碍孩子继续尝试，甚至让他们逐渐回避学习中的困难。因此，情绪调节的目标是帮助孩子处理这些负面情绪，使他们能够面对并适应学习中的挑战，从而逐渐提升心理韧性。

1. 情绪识别与表达

识别情绪是情绪调节的第一步。当孩子能够清晰地识别并表达自己的情绪时，才能更好地理解这些情绪的来源，并找到应对的方法。例如，当孩子在数学考试中表现不佳后，家长可以引导他们说出"我感到很失望，因为我没能解对这道题"。通过这种情绪的识别和表达，孩子能够看到情绪的来源，并意识到情绪只是对当前情境的一种反应，这有助于他们进一步控制这些情绪，而不是被情绪淹没。

家长如何操作？ 在孩子遇到困难或表现出明显情绪时，家长可以通过提问来引导他们更好地理解自己的情绪，例如问"你是不是觉得有点失望，因为没能答对这道题"。这种提问方式能够帮助孩子更清晰地了解自己的内心感受，从而理性地面对这些情绪，减少情绪对学习行为的影响。

2. 针对具体情绪进行调节：紧张感与挫败感的处理

识别并表达出情绪之后，关键在于如何处理这些情绪，使孩子能够从情绪中脱离出来，重新面对学习挑战。以下是针对紧张感和挫败感进行专门处理的步骤，这些步骤也正是心理韧性得以提升的核心机制的应用。

（1）紧张感的处理

学习中的紧张感往往源于对未知的恐惧、对失败的担忧等。这种紧张如果得不到控制，容易让孩子在面对学习任务时畏缩不前。因此，缓解紧张感是提升心理韧性的第一步。

- **深呼吸练习**。深呼吸可以有效地帮助孩子缓解紧张情绪。呼吸调节是一种非常直接的自我调节方法,能让孩子通过缓慢、有节奏的呼吸来放松神经系统,进而减少紧张感。当孩子在考试前感到紧张时,家长可以指导他们进行深呼吸练习,例如吸气五秒钟,然后保持两秒,再慢慢呼气五秒。这个过程有助于降低体内的生理反应,减少对紧张的体验。
- **冥想与放松**。冥想和放松技巧可以帮助孩子逐渐适应学习中的压力情境,让他们能够在高压环境中保持冷静。通过每日几分钟的冥想训练,孩子可以逐渐学会如何不被紧张感左右,把注意力集中在当下的任务上。这种过程可以使孩子习惯于在高压环境中保持镇定,进而提高对学习压力的适应能力。

通过针对紧张感的处理,孩子能够逐渐减少对这种情绪的恐惧,学习如何在压力情境中有效地保持冷静,而这种适应过程正是心理韧性增强的关键一步。

(2)挫败感的处理

挫败感是孩子在面对失败或无法完成任务时常见的情绪体验。这种感受往往会让孩子失去对学习的信心,并逐渐产生对学习的回避行为。因此,情绪调节的第二个目标是帮助孩子有效应对和处理挫败感。

- **情绪重构**。帮助孩子重新理解挫折和失败,是处理挫败感的重要手段。例如,当孩子没有考到理想成绩时,家长可以引导他们思考,对他们说:"这次没考好是不是因为时间分配得不够合理?下次是否可以调整一下复习计划?"通过这种方式,孩子可以将失败看作可以改进的事物,而不是对自己能力的否定。通过这种认知的重构，孩子逐渐会对失败产生更积极的看法，这种积极的心态有助于心理韧性的培养。
- **逐步挑战法**。逐步挑战法是让孩子通过不断尝试完成略微超出他们当前能力的任务，从而逐步提高对失败的耐受力。例如，家长可以给孩子设置一些相对有挑战但又不至于太难的任务，当他们成功完成时，给予肯定和奖励。当孩子逐渐完成这些小的挑战时，他们会对自己的能力越来越有信心，从而能够更加轻松地应对学习中的挫败。

针对挫败感的处理，核心在于帮助孩子从失败中找到成长的机会，不让他们陷入负面情绪无法自拔。通过不断地挑战和逐步克服困难，孩子的心理韧性得以逐渐增强，他们会逐渐把失败看作成长过程中的一部分，而不是不可逾越的障碍。

3. 总结：情绪调节如何促进心理韧性提升

情绪调节在心理韧性培养中的作用，不仅在于帮助孩子缓解和控制学习中的负面情绪，更重要的是能让他们逐渐适应这些不适感。当孩子能够有效地管理紧张感和挫败感时，他们在面对新的学习挑战时就不再容易被情绪影响，而是能够保持冷静，继续尝试解决问题。

通过情绪识别、使用针对紧张感和挫败感的具体调节技巧，孩子能逐渐学会如何面对学习中的不适感，进而提升他们对挑战的适应能力。这个适应过程就是心理韧性提升的过程。孩子通过逐步适应和调节，会发现学习中的挫折和失败并不可怕，而是可以克服的。这种体验不断积累，最终形成一种内在的信念：我可以应对这些挑战。这就是心理韧性培养的核心所在，也是情绪调节对心理韧性提升的根本价值。

通过情绪调节工具的使用，家长可以帮助孩子逐渐适应学习中的挑战，使他们能够在面对各种学习压力和失败时表现得更加从容与坚定。这不仅有助于他们的学业表现，更能为他们未来面对生活中的各种挑战打下坚实的基础。

问题解决与认知重构工具

在孩子面对学习中的困难时，他们的第一反应往往是从认知上理解这种困难。如果孩子认为自己无法解决问题，或者认为这次失败就意味着自己不够聪明，他们可能会迅速失去动力。而问题解决与认知重构这个支柱工具的目标，就是帮助孩子有效应对挫折，从多个角度理解问题，并找到灵活的解决方案，最终帮助孩子在挫折中积累信心，提升心理韧性。

1. 问题解决与认知重构的起效原理

问题解决与认知重构是心理韧性培养的核心能力之一，它的本质是通过引导孩子对问题进行重新认知，并找到灵活应对的方法。这种能力帮助孩子在学习中遇到困难时，能够保持积极的态度、转变对失败的看法，从而避免陷入自我怀疑和消极情绪中。

- **提升解决问题的能力**：当孩子在学习任务中反复遭遇挫折时，持续的尝试和成功经验能够逐步增强他们应对类似学习情境的信心。每当孩子有效地解决一个问题时，他们的心理韧性就自然得到了提升。这种心理韧性提升的过程就是在反复面对学习任务的失败与挑战中，逐步适应并胜任这些任务的过程。
- **认知重构的价值**：并不是所有的学习任务都能够立即得到解决，面对一些暂时无法完成的难题时，认知重构就显得格外重要。通过调整自己的目标和期待，孩子可以减少因为失败而产生的负面情绪压力，进而适应学习中的挑战。认知重构的本质，是教导孩子如何从困境中看到自己依然有能力做出积极改变，而不会被短暂的挫折击垮。

2. 具体工具与方法

（1）引导孩子对问题进行多角度思考

孩子在学习中遇到困难时，往往容易陷入一种固定的认知模式。例如，在面对解不开的数学题时，许多孩子可能会认为自己不够聪明，从而感到沮丧并放弃。而多角度思考则能帮助他们打破这种单一的思维模式，通过认知重构来改变对问题的看法。

家长可以在孩子遇到困难时，引导他们思考：除了这种方法，还有什么其他办法可以试一试？例如，如果孩子在做数学题时卡住，家长可以鼓励他们从不同的角度来理解题目，比如使用图像辅助理解，或者将题目拆分成更小的部分来解决。通过这种方式，孩子将逐渐学会以不同的方式思考问题，不再轻易陷入挫败感中。

> 例如，孩子在解数学题时屡次失败，家长可以说："我们来换个思路看看，也许可以用画图的方法来理解这道题。"转变思维方式，可以帮助孩子对学习困难形成不同的看法，不再把失败等同于个人能力的不足。

（2）逐步问题解决法

复杂任务往往会让孩子感到压力和焦虑，而这些情绪会阻碍他们进一步尝试，导致他们更容易放弃。因此，逐步问题解决法的核心在于帮助孩子把复杂任务分解为可以一步一步完成的小目标，从而减轻他们的焦虑感，提升解决问题的信心。

家长可以和孩子一起将大任务分解成多个小步骤。例如，在写作业时，可以把一篇文章分解为先写一个大纲，再写第一段等具体步骤。每在完成一个步骤后，家长给予孩子肯定和鼓励，这样孩子不仅能完成任务，还能在过程中获得成就感，逐渐提升对复杂任务的耐受性。

> 例如，孩子需要完成一篇长作文，但感到压力很大，不知道如何下手。家长可以帮他们将作文任务拆解为几个步骤：①确定主题，②列提纲，③写开头段落，④逐段完成主体部分，⑤修改。这种逐步分解的方式可以帮助孩子减少对整体任务的畏难情绪，增加他们完成任务的自信心。

（3）失败后的认知重构与学习

每个孩子都会在学习中经历失败，但重要的是他们如何看待这些失败。如果孩子认为失败是对自身能力的整体否定，他们往往会产生强烈的挫败感，甚至可能因此回避类似的学习任务。因此，帮助孩子进行失败后的认知重构，是提升心理韧性的重要方法之一。认知重构的核心在于：重新定义失败，明确失败的性质和范围，不把失败泛化为对自己能力的全面否定。

孩子在面临学习中的失败或挫折时，往往容易产生消极的自我评价，认为自己不够聪明或能力不足，这种认知不仅会伤害自信心，还会削弱他们继续尝试的动力。认知重构的目标，是帮助孩子重新审视失败，以一种更加客观、具体和可改变的方式看待挫折，理解失败的局限性、暂时性和可改变的特点。

认知重构的关键在于不泛化失败、不过度延伸。一次失败应被视为局限在特定任务中的暂时挫折，而不是对整体学习能力的否定。这样的思维方式帮助孩子将挫败感限制在具体情境中，从而使他们更愿意继续面对类似的挑战。

(4) 引导孩子明确失败的边界

失败的边界是指孩子需要理解：失败并不意味着他们在所有方面都做得不好，而是只在某一个具体的情境或某个任务中未能达到预期。

当孩子在学习任务中遇到挫折时，家长可以和他们一起进行具体分析，比如对他们说："你觉得这个作业中的哪些部分比较难？我看到有一些部分你做得很好，这说明你在这些方面有进步，但其他部分你可以再多花点儿时间。"通过这样的方式，孩子可以看到失败的具体原因和边界，而不是把失败看作对自己整体能力的否定。

> 例如，孩子没有解对数学作业中的一些题目，家长可以帮助他们分析："你在几何部分表现很好，但是在代数部分可能需要再加练习。这次只是某一部分没学好，并不意味着你数学不行，我们一起努力改进。"这样孩子能够明确哪些地方需要改进，同时不会对自己的整体数学能力产生怀疑。

(5) 应对日常学习中的失败

孩子每天在学习中会遇到各种各样的小挫折，可能是解不出一道题，理解不了一个概念，或者是背单词时反复忘记。这些日常学习中的挑战对孩子的自信心有很大影响，因此家长需要帮助孩子学会如何应对这些不断出现的小失败。

当孩子遇到理解困难时，家长可以帮助他们重新定义这种困难，对他们说："这只是一个你暂时还没掌握的知识点，说明我们还需要多练习一下，但并不代表你学不会。"通过这种积极的引导，孩子可以学会将这些小挫折看作学习中的正常部分，而不是对自己能力的否定。

> 例如，孩子在学英语时总是记不住单词，家长可以说："记单词是一个需要时间和反复练习的过程，不是一次就能记住的。你现在觉得难，是因为还不够熟练，多复习几次就好了。"这种引导能让孩子明白，困难是学习的一部分，只要努力就可以克服。

（6）将失败视为可以改变的事物

孩子需要明白，失败并不是固定不变的，失败体现出的不足之处可以通过努力来改变。家长可以通过引导孩子找到改进的方法，使他们看到自己的主动性和可控性。

家长可以和孩子一起探讨这次失败是因为哪些方面没做好，可以通过哪些方法来改进。让孩子看到自己在改进中的角色，从而减少无助感。

> 例如，孩子在科学实验中失败了，家长可以帮助他们分析失败的原因，并一起制订改进的计划："这次实验中我们没有按照要求操作一些步骤，所以没有成功。我们下次可以仔细对

照规定的步骤，做得更准确。你有很多地方做得很好，我们只需要在某些细节上再注意一些。"

（7）总结：失败认知重构如何提升心理韧性

失败后的认知重构是帮助孩子提升心理韧性的重要手段。通过明确失败的边界、重新定义失败的意义，并且将失败视为可以通过努力改变的事物，孩子将逐渐把失败看作学习中的正常部分，而不是对自己能力的否定。通过这种认知重构的过程，孩子在每次面对挑战和失败时，都能保持心理上的稳定和积极，进而逐步提升心理韧性。

当孩子能够多次通过这样的认知重构从失败中恢复时，他们的心理韧性就会得到显著提升。他们能学会面对学习中的压力、挑战与挫折，形成一种积极的应对心态，逐步适应并胜任这些学习任务，从而在未来的学习中更加稳定、从容、自信。家长在其中的引导与支持，是这一过程中最为重要的部分。

社交支持工具

1. 弹簧床理论与网状毛细渗透系统

社交支持是孩子心理韧性培养的核心支柱之一，它像弹簧床一样，为孩子提供一个缓冲和分担压力的系统，帮助他们在面对学习挑战和挫折时不至于崩溃。此外，这个支持系统也可以被理解为泥土中的网状毛细渗透系统，当下雨，也就是当孩子面对学习压力和重大挑战时，整个社交网络能起到分流作用，让压力得以均匀地分散，从而减轻孩子的负担。

通过这些类比，我们可以更清楚地理解为什么社交支持对提升心理韧性如此重要。当孩子遇到学习上的挑战时，如果只是由孩子独自承受这些挑战，可能会导致孩子产生严重的压力和情绪问题。而通过社交支持系统的弹簧和分流作用，孩子的压力可以被家庭、朋友以及其他支持者分担，这使得他们的心态更加稳定，心理韧性也得到提升。

2. 如何具体应用

（1）家庭支持：构建弹簧床般的温暖情感基地

家庭的支持可以被看作一张结实的弹簧床，当孩子在面对学习压力时，这张弹簧床能够吸收并缓解部分冲击，让他们能够有一个安全的缓冲空间。家长的温暖与理解正是这张弹簧床的核心结构。

（2）积极沟通与倾听

家长通过积极的沟通，与孩子建立信任关系，充当弹簧床，吸收孩子情绪冲击的重要部分。当孩子面临考试失利等挫折时，家长的倾听和理解可以有效减轻孩子的心理负担。例如，孩子考试成绩不理想时，家长可以通过问"你觉得这次考试中哪部分比较难"来引导孩子把注意力放在具体的问题上，而不是对整体都感到失败和沮丧。这样做就像弹簧吸收冲击，使压力不会集中于一点，从而保护孩子的心理稳定性。

（3）无条件的支持与情感鼓励

无条件的支持是弹簧床中最坚固的基础，这让孩子明白，无论他们在学习中的表现如何，自己都是被家人无条件接纳和支持的。这种情感上的稳定性为他们提供了应对学习压力的安全感。例如，家长可以对孩子说："无论考试结果如何，我们都会陪你一起面对，最重要的是你在努力。"这种支持能让孩子意识到他们不是孤身一人面对挑战，进而增强他们的心理韧性。

（4）促进同伴互动建立网状毛细渗透系统的支持网络

除了家庭支持，同伴之间的支持系统就像泥土中的网状毛细渗透系统，当遇到学习压力或挫折时，孩子可以通过这个网络将压力分散到多个同伴身上，减轻自己的压力。通过与同伴互动，孩子能获得更多的情感支持和应对挑战的力量。

（5）参与课外活动，建立支持网络

家长可以鼓励孩子参加各种课外活动，例如运动队、兴趣小组等，这些活动能够帮助孩子结识到同龄的朋友。通过这些互动，孩子们可以像网状毛细渗透系统中的水流一样，将学习中的压力与同伴共享，从而分散和减轻压力。

（6）促进同伴之间的互助学习

家长还可以鼓励孩子与同伴一起组成学习小组，通过共同复习和互相提问的形式来应对学习中的难题。这样不仅能帮助孩子更好地掌握学习内容，还能提供情感上的支持和鼓励。例如，当孩子遇到一道难题时，同伴可能会提供一个新的解题思路，这就像是网状毛细渗透系统在下雨时的分流功能，帮助孩子更好地应对心理压力。

3.总结：社交支持如何通过弹簧床与网状毛细渗透系统提升心理韧性

社交支持，尤其是来自家庭和同伴的支持，是孩子心理韧性的核心保障，就如同弹簧床和网状毛细渗透系统一般，能为孩子提供强有力的情感支持和应对学习压力的支撑。家庭是孩子的基础弹簧床，帮助他们在面对压力时获得安全感和情感上的缓冲；同伴的互动则如同网状毛细渗透系统，在孩子遇到挑战时，提供多方面的支持和帮助。

通过这些支持系统，孩子可以学会如何调节自己的情绪，如何在面对学习压力时获得帮助，并且意识到自己并不孤单，而是

有强大的情感网络在支持着他们。这些经验对于提升孩子的心理韧性至关重要，让他们在面对学习挑战时能够更加坚定地前行。

目标导向与成长型思维工具

目标导向和成长型思维是心理韧性培养的重要工具，它们不仅能帮助孩子专注于具体的学习任务，还能有效地缓解负面情绪，避免陷入无谓的自我怀疑和挫败感。通过设立明确的学习目标和培养积极的成长型思维模式，孩子们可以更好地适应学习中的挫折，保持长期的学习动力。

1. 设立目标：聚焦注意力，脱离冗思

在学习过程中，很多孩子在面对失败时，容易陷入对自己表现的冗思和沮丧情绪。这种消极的情绪循环会使孩子对学习任务望而却步。而设立明确的学习目标，可以帮助孩子把注意力从失败本身转移到具体可操作的行动上，从而迅速抽离出负面的情绪状态。

家长可以帮助孩子设立短期和长期的学习目标。短期目标可以是每天阅读 30 分钟或完成 5 道数学题，而长期目标可以是在期末考试中数学成绩提高 10 分。通过设立这些明确的目标，孩子能够更清晰地看到自己学习的方向，并在每次实现目标后获得成就感，这种成就感可以逐步取代原来的沮丧等负面情绪。

> 例如，孩子在学习钢琴时可以设立一个小目标，如在两周内流利演奏一首简单的乐曲。当孩子朝着目标不断练习时，注意力便从"我练得不好"这种自我怀疑转移到了"我要完成目标"上。这种目标导向的过程能有效打破消极冗思，帮助孩子逐步提升心理韧性。

2. 成长型思维：积极复盘与积极认知归因

成长型思维的核心在于帮助孩子看到学习中的积极一面，并从每次的困难中发现进步的机会。这种思维模式鼓励孩子在面临失败时，能够从中进行积极的复盘，并将失败归因为方法或技巧有待改进，而不是固定的能力不足。

家长可以在孩子遇到学习失败时，帮助他们进行积极认知归因和复盘。比如在考试失利后，可以引导孩子分析失利的原因，并找到下一次改进的方法，例如说"这次的阅读理解部分比较难，是因为你不太熟悉这个主题，下次你需要多读一些相关的课外书"。这种归因方式避免了孩子将失败直接归结为自己"学不好"或者"没有能力"，而是帮助他们看到改变和努力的空间。

> 例如，孩子在一次小组作业中没能达到预期目标，家长可以引导孩子反思，对他说："你觉得这次小组作业中，哪部分可以改进？如果下次遇到类似的情况，我们可以采取什么不同的方法？"这种积极的复盘不仅可以提升孩子对问题的掌控感，还能培养孩子面对挑战时持有积极主动的心态，最终帮助他们逐步增强心理韧性。

3. 鼓励持之以恒的尝试：积极应对，拥抱变化

成长和学习的过程总是充满了反复和尝试，能够从多次失败中不断站起来，这本身就是心理韧性提升的过程。鼓励孩子反复尝试、拥抱变化，可以帮助他们在面对未知时保持探索的勇气，并从每一次的挑战中找到成长的机会。

家长可以通过记录孩子的进步，鼓励他们持续努力。比如，

让孩子设立一个学习尝试记录本，在上面记录每次遇到的学习难题、失败经历，以及如何克服的过程。通过回顾这些记录，孩子能够看到自己的逐步进步，这不仅会增强他们的自信心，也会让他们对变化和失败产生一种积极的认知归因。

> 例如，孩子在学习跳远时，最初的成绩不尽如人意，家长可以和孩子一起设立逐步提高的目标，并每天记录练习结果。当孩子看到自己每天的努力逐渐积累，最终达成原本认为遥不可及的目标时，这种体验会让他们意识到失败并不可怕，重要的是不断尝试。这种经历会增强他们的心理韧性，在面对未来的学习挑战时也会更加坚定。

4. 总结：目标导向与成长型思维工具对心理韧性的深远影响

设立明确的目标和培养成长型思维，是心理韧性提升的重要工具之一。通过帮助孩子设立明确、可实现的学习目标，孩子可以从沮丧和冗思中抽离出来，把注意力聚焦在具体的行动上；而成长型思维则帮助孩子将失败看作成长的机会，采用积极的认知归因来面对挑战。

这两者结合可形成一种良性循环：目标导向帮助孩子把注意力从负面情绪中转移出来，成长型思维则帮助孩子积极看待失败，不断从中学习。最终，这些过程使得孩子逐步成长为一个能应对学习和生活中各种挑战的坚韧个体。

本章总结

1. **心理韧性的定义与重要性**
   - 心理韧性不仅仅是对失败的耐受力,它更是一种从挫折中恢复、保持积极心态的能力。在孩子的学习过程中,心理韧性表现为应对挑战时不轻言放弃,能够从失败中吸取教训、调整策略,继续前行。心理韧性是可以通过后天培养的,而并非天生具备。

2. **心理韧性为什么对学习有影响**
   - **应对压力的神经调节功能**:高心理韧性孩子的大脑能够更稳定地调节应激反应,避免压力影响注意力和记忆力。
   - **情绪调节与执行功能的交互作用**:心理韧性强的孩子在面对情绪波动时能够有效管理情绪,不让负面情绪影响执行功能。
   - **大脑可塑性与适应性学习**:心理韧性与大脑可塑性密切相关,能帮助孩子在面对挑战时灵活调整学习策略。
   - **认知灵活性与策略转换能力**:高心理韧性的孩子能迅速转换策略,应对学习中的不确定性。
   - **学习动力的调节器**:心理韧性强的孩子具有较强的内在动力,他们会将失败视为成长的机会,保持学习的积极性和自信心。

3. 家长如何提升孩子的心理韧性

- **心理韧性干预目标**：家长在培养孩子的心理韧性时，目标应定为提升孩子的适应能力、自我调节能力和坚持能力。通过这些干预，孩子可以在面对压力时灵活调整情绪与行为，不轻言放弃，持续努力。
- **心理韧性提升原理——神经可塑性、正向反馈机制与社交支持的激励作用**：通过训练，孩子的大脑会增强对情绪和认知的控制能力。家长的正向反馈则会增强孩子的信心和动力，进一步促进心理韧性的发展。家庭和同伴的支持系统对孩子心理韧性的发展也至关重要。家长的理解和支持可以帮助孩子在挫折中恢复，而同伴的互动则可以提供更多的情感支持，帮助孩子分担学习压力。

4. 提升心理韧性的核心机制

- **情绪调节机制**：帮助孩子管理情绪，避免情绪波动影响学习。
- **问题解决与认知重构机制**：通过多角度思考和认知重构，帮助孩子看到挑战的多种可能性，增强他们解决问题的信心。
- **社交支持机制**：家庭和同伴的支持为孩子提供情感上的安全感，帮助孩子在面对挑战时保持冷静和坚韧。
- **目标导向与成长型思维机制**：设定明确的学习目标并培养成长型思维，让孩子看到努力的价值，并从失败中学习，不断调整策略。

5. 实践工具与方法

- **情绪调节工具**：帮助孩子识别并表达情绪，采取深呼吸、冥想等方法缓解紧张和挫败感，提升情绪管理能力。

- **问题解决与认知重构工具**：通过多角度思考和逐步解决问题的策略，帮助孩子重新定义失败，找到应对挑战的积极方式。
- **社交支持工具**：建立家庭支持系统和同伴支持网络，通过积极的互动和情感支持帮助孩子提高心理韧性。
- **目标导向与成长型思维工具**：帮助孩子设定明确的目标，培养他们从失败中学习和成长的心态，提升自信心和解决问题的能力。

6. 总结与建议

- 心理韧性是孩子面对学习挑战时保持积极、冷静、坚定的内在动力。家长在孩子的学习旅程中，不仅要关注成绩，更要帮助孩子培养应对挫折的能力，通过情绪调节、认知重构、社交支持和目标导向等多种方法,、逐步提升孩子的心理韧性。这些方法不仅能帮助孩子提升学业表现，更能为他们未来面对生活中的各种挑战打下坚实的心理基础。

通过这一章的总结，我们可以看到，心理韧性作为一个关键的学习品质，不仅仅影响孩子的学业成绩，还决定了他们面对困难时的态度和应对能力。家长的引导和支持至关重要，通过具体的心理韧性提升工具，孩子能够在挫折中变得更加坚韧，最终走向成功。

第 14 章

学习品质之问题解决能力

作为家长,你可能常常会经历孩子在学习中遇到难题。例如,孩子可能会说他们不喜欢数学,或者考试成绩没有提升。关键在于:你的孩子能否识别问题,理解其本质,并找到合适的解决方案?成绩优秀的孩子往往是有效的问题解决者。他们运用的策略是什么呢?无论是哪一个孩子,大多数擅长解决学习中各种问题的孩子都有一些共同点:他们都能够明确问题,并选择合适的策略来应对。

想象一下,当孩子在数学考试中成绩不佳时,他们可能只注意到分数低,却没有深入思考真正的问题。是知识点掌握不牢,还是没有找到合适的学习方法?你可以帮助孩子识别根本原因,通过设定明确的学习目标和提供实践机会,帮助他们掌握解决问题的策略。

解决学习中的问题,实际上与应对生活中的挑战相似。你可以引导孩子重新定义问题,鼓励他们从不同角度思考。例如,当孩子说"我学不会数学"时，可以问他们"是哪个具体概念不理解？还是没有找到合适的解题方法"。这样的引导可以帮助孩子将大问题分解为小步骤，使他们更容易应对。

解决一个问题并不是一蹴而就的。与孩子设定分阶段的目标，帮助他们逐步实现学习中的小胜利。比如，针对数学困难，可以一起设定每周掌握一个新概念的目标，并在完成后进行总结和反思。这样，孩子不仅能获得成就感，还能逐步提高问题解决能力。

学习中问题解决的阶段

很多家长希望帮助孩子解决学习难题，并支持他们成为成功的问题解决者。要实现这一目标，首先你需要了解"问题解决"的基本知识。**问题解决主要分为三个阶段。**

- **发现问题：** 在复杂的学习过程中，孩子需要敏锐地意识到困惑和问题，这是改变的起点。遇到困难和挫折时，孩子可以借此觉察面临的问题。
- **界定问题：** 在这一阶段，你可以帮助孩子将复杂的问题简单化，梳理清问题的表现和背后的原因。对问题有清晰的认识，可以使解决方案更具可操作性。如果这一步做得不好，后续的解决过程可能变得复杂或无效。
- **问题解决的实践：** 在这一阶段，孩子会调动心理资源和已有知识，按照自己的经验去解决问题，并不断评估效果。你可以鼓励他们监控问题解决的过程和对问题的理解的过程。

问题解决的循环

问题解决的循环：帮助孩子解决学习中的难题

作为家长,你可能经常会看到孩子在学习中卡住,比如某道数学题解不出来,或者课文内容记不住。其实,问题解决是一个循序渐进的思维过程。我细化了上述问题解决的三个阶段,提出了孩子在解决学习中的问题时应遵循的六个步骤,以帮助你理解他们如何面对问题,并引导他们走出困境。

问题解决的过程可以视为一个循环,包含以下几个步骤。

- **识别或发现问题**:帮助孩子意识到他们具体遇到的是什么问题。这可以是一个简单的提问,例如说:"你觉得是哪一部分让你困惑呢?"
- **定义和表征问题**:引导他们用简单的语言描述问题的本质。可以问:"你能用几句话告诉我这个问题是什么吗?"这样能帮助孩子更清晰地理解问题。
- **制订解决方案、策略**:与孩子一起讨论解决问题的可行性方法。引导他们思考,对他们说:"我们可以用哪些方法来解决这个问题呢?"这一步可以激发孩子的创造力。
- **联系问题的相关知识**:帮助孩子回顾与问题相关的知识点。可以问:"我们之前学过的哪些内容可能对这个问题有帮助?"这能帮助他们建立知识之间的联系。
- **合理分配解决问题所需资源**:让孩子知道有哪些工具和资源可以利用,比如书籍、笔记、在线资源,甚至是你的帮助。你可以说:"我们可以用这些工具来帮助你理解这个概念。"

- **监控实现目标的进度**：定期检查孩子的进展，确保他们在朝着目标前进。可以设定定期的复盘时间，问他："我们这个星期的目标达到了吗？还有哪些地方需要改进？"

通过系统化的步骤，你不仅可以训练孩子解决学习中的各种难题，还能增强他们的自信心和能力。记住，问题解决的过程需要耐心和实践，鼓励孩子在这个循环中不断尝试和学习。

第一步：识别或发现问题

作为家长，你可能会发现，很多孩子在学习过程中并未意识到自己正面临的问题。例如，沉迷手机的孩子可能根本没有意识到这对学习的影响，甚至不认为自己存在问题。因此，鼓励孩子主动去发现和识别问题，是问题解决的关键第一步。

问题识别与一个人拥有某个领域的知识密切相关。学习高手与新手在知识组织方式上的差异，会影响他们识别问题的能力。在孩子的学习实践中，我们发现，孩子在能够发现有价值的新问题之前，需要在该领域积累大量专业知识。只有对某个领域有深入了解，才能意识到知识体系中的空白，而新手往往更容易识别已经解决过的问题。

问题识别的过程涉及跨多个领域的知识整合，这也是许多孩子在学习中遇到困难的原因。识别问题不仅是填补知识空白的过程，更需要对知识的内部结构有深刻理解。研究表明，问题发现是问题解决的最早阶段之一。根据问题的产生方式，可以将问题分为三种类型。

- **呈现型问题**：直接陈述给解决者的问题，无须他额外进行识别或发现。

- **发现型问题**：尚未明确表述的问题，解决者必须拼合已有的知识，寻找理解中的差距。
- **创造型问题**：解决者主动发现的问题，通常要求更具创造性的思维。

作为家长，你帮助孩子解决学习问题的第一步，就是让他们意识到具体遇到了什么问题。以下是一些具体的方法。

（1）创设一个开放的环境

让孩子感觉到探索和提问是被鼓励的。你可以用一些日常生活中的小例子来说明，比如："当我们在家里找东西时，首先需要知道具体找什么，这样才能更快找到，对吗？"这样的类比能让孩子理解：在学习中同样需要明确问题，才能有效解决问题。

（2）帮助孩子对自己遇到的困难更敏感

很多孩子在学习中可能对遇到的困难缺乏敏感性。例如，一些孩子沉迷于手机，未意识到这对学习的影响。启发孩子主动去发现问题，是解决问题的关键开端。你可以和孩子讨论他们的学习过程，询问孩子："在学习中，有没有哪些事情让你觉得特别困难？"通过这种方式，孩子可以逐渐学会识别学习中的各种挑战。

（3）帮助孩子明确具体困难

如果孩子抱怨"我不会做这道题"，你可以引导他们进一步思考，问他们："具体是哪个地方卡住了？是概念不懂，还是步骤不清楚"。这样的引导可以帮助孩子将模糊的困惑转化为具体的问题，让他们更清晰地识别出自己的问题所在，从而更容易找到解决方案。

（4）鼓励孩子进行自我反思

提升问题识别能力的重要一环是鼓励孩子进行自我反思。与孩子一起回顾他们的学习经历，问问他们："你觉得在哪些方面遇到过困难？有没有一些情况让你感到特别沮丧？"这种对话不仅能帮助孩子形成对学习过程的认识，还能让他们在未来遇到学习问题时更加敏感。

（5）通过设定小目标逐步培养能力

识别问题并不是一蹴而就的过程。通过设定小目标，逐步引导孩子识别问题，例如每周挑选一个学习难点进行讨论。这不仅能帮助他们掌握识别问题的技巧，还能让他们在解决问题的过程中建立自信。

通过这些细腻的方法，你不仅能帮助孩子识别学习中的问题，更可以培养他们的思维能力和解决问题的自信心。这将为他们未来的学习打下坚实的基础。

第二步：定义和表征问题

识别和定义问题是有效解决问题的关键。明确定义的问题通常更容易处理，而模糊的问题则可能让孩子感到无从下手。你有没有注意到，许多孩子在遇到困难时，常常只是表达不满，而没有具体指出问题？你可以和孩子一起列出问题的要素，比如对他说："这个问题是关于哪一部分的知识？我们希望达到什么目标？"这样的话能帮助孩子理清思路，也能让他们意识到解决问题的步骤。

1. 确定问题边界的重要性

在处理任何问题时，确定问题的边界都同样重要。如果没有明确的边界，问题会不断扩展，导致孩子无法集中注意力。例如，在数学学习中，孩子可能会遇到不理解的题目。此时，你可以引导他们思考，如对他们说："这道题需要我们用什么知识？是公式记错了，还是对概念理解不够？"这种引导能帮助孩子更清晰地确定问题的边界，并提升他们的解决能力。

2. 探索问题的多种表示形式

为了有效解决问题，孩子往往需要尝试不同的表示形式。你是否注意到，许多孩子在面对复杂问题时，难以明确思路？通过提问和引导，家长可以帮助孩子尝试从不同角度理解问题。例如说："这个问题还可以用哪些方式来描述？有没有其他方法可以解决它？"这样的互动不仅能增强孩子思维的灵活性，还能让他们在面对不确定性时更加自信。

3. 学习高手对知识与问题的定义

研究显示，学习高手与新手在定义和表征问题上存在显著差异[⊖]。学习高手能够更高效地定义问题，他们的信息表征简洁，能抓住问题的深层结构。例如，对物理问题的分类，学习高手往往依据物理原理的相似性来组织问题，而新手则更多关注表面的特征。深层次的理解使得学习高手在解决问题时能够迅速过滤掉无关的信息。

你是否注意到，高手和新手在处理问题时有差异？高手能在熟悉的情境中迅速找到解决方案，而在面对不确定的情况时，表现可能与新手相当。你可以鼓励孩子学习高手的思维方式，帮助他们在分析问题上花更多时间，深入理解问题的本质，从而提升问题解决的能力。

⊖ LIN Y S, LI R, RIBOSA J, et al. Expert and novice teachers' cognitive neural differences in understanding students' classroom action intentions[J/OL]. Brain sciences, 2024, 14(11): 1080.

4. 家长如何帮助孩子更好地定义和表征问题

平时孩子在学习中遇到的问题，可以分为两类：明确定义的问题和不明确定义的问题。明确定义的问题具有清晰的目标、解决路径和障碍，例如"今天的数学作业第三题我不会做"；而不明确定义的问题则缺乏明确的解决路径和清晰的陈述，比如"如何能让自己不讨厌学习"，这样的模糊问题往往需要多次修改和澄清才能找到合适的解决方案。

虽然明确定义的问题的解决过程已被广泛研究并能使用算法描述，但不明确定义的问题不易通过算法被解决，因为它们难以被分解为小的组成部分。这就要求我们在解决这些问题时，采取更灵活和具有创造性的策略。

在帮助孩子定义问题时，你首先要意识到明确的问题通常更容易被处理。例如，当孩子面对一道数学题时，如果题目清晰，解决路径就会显得明朗。然而，有时孩子可能需要通过发现问题的过程，识别那些模糊的知识点，这本身也是一种重要的学习能力。

面对不明确定义的问题，你可以引导孩子识别具体的问题。例如，孩子可能会问："我如何才能更有创意？"此时，你应帮助他明确具体内容，比如问他是希望提升绘画技巧还是写作能力。明确目标后，才能帮助孩子制订出有效的解决策略。

第三步：制订解决方案、策略

在孩子的学习过程中，遇到难题时，作为家长，你有两个重要任务：首先，陪伴与鼓励孩子尝试去解决各种问题，从而培养他们的问题解决能力和心智模式；其次，以顾问的身份引导孩子学会拆解问题，寻找解决方案。

在孩子所面临的学习问题中,明确定义的问题与不明确定义的问题的解决策略是不同的。明确定义的问题,例如"我的孩子在数学上遇到了哪些具体困难",通常更容易解决;而不明确定义的问题,如"怎样让我的孩子对学习更感兴趣",则较为复杂,需要更多的分析和探讨。

解决不明确定义的问题时,你可以通过反复修改和澄清来寻找答案。例如,询问孩子的感受、学习方式,甚至课堂表现。这一过程能帮助你更好地理解问题的性质和目标。

1. 认知过程与策略:帮助家长理解识别与表征问题

在问题识别、定义和表征的过程中,认知过程和策略扮演着至关重要的角色。芒福德(Mumford)、赖特-帕尔蒙(Reiter-Palmon)和雷德蒙(Redmond)开发的模型对问题解决早期阶段的认知过程进行了深入探讨[一]。为了让家长更好地理解并实际运用这一理论,我们将在此基础上结合家长日常面临的情境进行详细阐释。

(1)引导孩子关注环境中的线索与异常:注意力和感知

孩子在学习过程中可能经常会错过一些关键信息,例如老师布置的任务要求、习题中的细节提示等。这通常源于注意力分散或未能察觉环境中的异常信号。家长可以通过以下方式帮助孩子。

- **主动观察**:提醒孩子留意作业中的关键词,例如"说明""计

[一] MUMFORD M D, REITER-PALMON R, REDMOND M R. Problem construction and cognition : applying problem representations in ill-defined domains[C]//RUNCO M A. Problem finding, problem solving, and creativity. Ablex Publishing, 1994: 3-39.

算"等指令词。例如，如果孩子在做阅读理解题时总是忽略题干中的条件描述，家长可以先指出这一问题，再教授孩子划重点的技巧。
- **提出问题**：和孩子一起讨论当天课堂中的内容，例如说："今天的数学课中有没有提到一个你觉得特别难的公式？"通过交流，让孩子更敏感于识别线索与异常。

（2）激活记忆表征：与孩子一起提取类似问题的解决经验

在孩子遇到学习问题时，引导他们从记忆中提取相关的经验与解决策略至关重要。例如，如果孩子在解题时遇到了卡壳，家长可以这样引导。

- **回顾相似问题**："你上次是不是也遇到过类似的题目？当时是怎么解决的？"
- **寻找模式**：帮助孩子总结某类问题的通用解题步骤，比如"先找已知条件，再画图辅助分析"。

这种策略可以让孩子意识到他们过去的成功经验，并在新的情境中加以应用。

（3）选择最佳策略：评估表征并决定行动方向

一个学习问题，可能会有多种潜在解决方案。家长需要帮助孩子评估每种方案的优劣，并选择最有效的策略。

- **与孩子讨论**："如果我们采用这种方法，你觉得可能会花多长时间？效果如何？"
- **提供反馈**："这个方法听起来不错，但它可能不适合这类题目。我们不如试试另一种思路。"

例如，当孩子在数学考试中经常失分于计算错误时，家长可以引导他们尝试列竖式或逐步检验的方法,通过比较找到最适合他们的解题策略。

(4)明确问题目标与限制条件:要素选择策略

当孩子面对复杂的学习任务时,他们常常会感到无从下手。家长可以通过引导孩子明确问题的目标和限制条件,帮助他们理清思路。

- **定义目标**:"今天的目标是完成10道数学题,并理解每道题的解题思路。"
- **限制条件**:"在一个小时内完成作业,同时避免用计算器。"

例如,家长可以和孩子一起制订学习计划,并在过程中不断检查进展是否朝向既定目标。

(5)重组问题要素:将相关信息以更清晰的形式呈现

许多学习问题之所以让孩子感到复杂,是因为相关信息杂乱无章。家长可以帮助孩子通过图示、表格等方式,将问题的要素重新组织起来。

- **绘制思维导图**:"我们把这个问题拆解成几个步骤,每一步都对应一个小问题。"
- **分类整理**:"把已知条件和未知条件分开,再逐一解决。"

例如,面对一道多步骤的化学计算题,家长可以引导孩子画出反应过程的流程图,从而让孩子更直观地理解问题的结构。

2.家长的观察与思维方式

在帮助孩子解决学习问题时,家长的观察力和思维方式直接影响问题表征的深度和解决方案的效果。

（1）理解问题的多样性

家长在观察到孩子的学习问题时，应避免简单归因，而要尝试从多个角度分析问题。例如，当孩子数学成绩下降时，可能的原因包括：

- **缺乏基础知识**（例如使用乘法表不熟练）。
- **学习方法不当**（例如未及时复习）。
- **注意力分散**（例如做题时被手机干扰）。

家长需要根据具体表现，找到问题的核心，并针对性地采取措施。

（2）使用类比

类比可以帮助家长让孩子更灵活地看待学习问题。例如，家长可对孩子说：

- "学习就像修建房子，基础是否牢固会直接影响到上层结构的稳定性。"
- "如果你对某一科目特别感兴趣，不妨像对待你的爱好一样，去探索更多相关知识。"

通过这样的类比，不仅能够启发家长提出更有效的策略，还能让孩子更容易接受家长的建议。

（3）结合理论的实际应用

通过将芒福德等人的模型与家长日常的教育实践相结合，可以更有效地帮助孩子制订应对学习问题的解决方案。同时，这一过程也能培养孩子独立思考和解决问题的能力，为他们未来的学习发展打下坚实的基础。

第四步：联系问题的相关知识

在帮助孩子解决学习中的问题时，第四个步骤是引导他们思考与问题相关的知识，包括以往的知识体系、记忆信息和解决思路。这些要素是让孩子聚焦问题本身，并以此为基础思考解决方法的关键。

1. 洞察力的重要性及形成过程

在定义和表征问题的过程中，类比起着关键作用。家长可以引导孩子尝试多种不同的表述，以找到能够提供解决方案的表征。当找到合适的类比时，孩子可能会经历一种理解上的飞跃，这种现象被称为"洞察力"。一些研究者认为，洞察力是思维重组过程的体现，使问题解决者能迅速理解解决路径；而其他研究者则认为，洞察力是渐进性的，不反映任何突发性的变化。

我将这个类比过程视为思维能力的降维。在面对新问题时，调动的认知资源往往很大，成功率较低。家长可以从孩子过去的学习中寻找相似元素，或从自身经历中找到解决问题的参考。同时，可以与孩子讨论，从周围的人或其他信息中寻找解决方案。这一过程将创造答案转化为寻找答案，降低了解决问题的难度。

在帮助孩子解决学习中的问题时，洞察力的形成是一个重要过程，通过以下步骤形成。

- **关注信息**：家长需要关注与孩子学习相关的信息，比如孩子在某一科目上遇到的具体困难。例如，如果孩子在数学中总是做错一些题，家长可以收集相关习题和错误类型。
- **重新组合信息**：尝试将这些信息以不同方式组合。比如，将孩子在课堂上学习的内容与家庭作业进行对比，寻找相似之处。

- **比较经验**：回忆自己或询问其他孩子在类似学习问题上的经验，找到有效的解决办法。例如，其他孩子可能通过和同伴讨论来理解某个概念。

洞察力有助于家长和孩子更好地理解问题，从而找到更合适的解决方案。家长的注意力和开放态度对发现和创造解决方案至关重要。

2. 促进孩子使用洞察力将新旧问题联系起来

每个孩子都有独特的知识基础，这些知识帮助他们理解世界和解决问题。在面临新的问题时，家长需要借助洞察力来帮助孩子将已有知识体系与新问题联系起来，从而优化之前制订的解决方案或策略，更迅速地解决问题。家长可以通过以下方式帮助孩子。

- **回顾学习内容**：鼓励孩子回顾之前的学习内容和经验。例如，如果孩子在数学问题上遇到困难，家长可以引导他们思考之前学习的类似问题，帮助他们识别可以应用的解题方法。这不仅能提高孩子的自信心，也可教会他们如何将已有知识应用到新问题上。
- **认识兴趣的影响**：不同的兴趣会影响孩子如何看待问题。例如，一个对科学感兴趣的孩子可能会从科学的角度分析学习难题，而对文学感兴趣的孩子可能会用故事和情境的方法来理解问题。家长可以帮助孩子意识到自己的兴趣如何影响解决问题的方式。
- **鼓励尝试不同方法**：家长应鼓励孩子尝试多种方法来解决问题。有时，某种知识可能会成为障碍而不是真正的帮助。

例如，在学习类比时，孩子可能会因为过于依赖表面相似性而忽视更深层的联系。家长可以通过提供新的视角或例子，帮助孩子拓宽思路，找到更有效的解决方案。

第五步：合理分配解决问题所需资源

在帮助孩子解决问题的过程中，第五步是有效规划和合理分配解决问题所需的各种资源。这些资源包括知识、心理资源，以及时间和精力等。通过这个步骤，孩子可以更好地理解问题解决的目标、重难点，以及可利用的资源，从而提高问题解决的效率。

1. 识别知识资源

家长可以帮助孩子识别可用的知识资源。这包括教科书、参考书、在线学习平台和教育应用等。在与孩子一起浏览这些资源时，可以讨论如何在解决特定问题时有效利用它们。比如，如果孩子在数学方面遇到困难，可以引导他们查找相关的练习题和解决方法，或观看相关的教程视频以深入理解概念。例如对孩子说："我们来找找学习的笔记资料，看看有什么可以帮助你理解分数的。"

2. 时间和精力管理

时间和精力的管理也是关键。家长可以帮助孩子制订一个合理的学习计划，将时间分配给各个学习任务。计划中应包含清晰的目标和步骤，以便孩子逐步完成任务。以数学作业为例，家长可以指导孩子将其拆分为多个小任务，比如"今天我们先完成前5道练习题，明天再做后面的5道"并为每个任务设定截止日期，帮助孩子有效管理时间。

3. 鼓励主动探索

在资源的合理分配中,家长应鼓励孩子主动思考并探索可用资源。通过问问题的方式激励孩子,例如"我们可以用哪些工具来帮助你解决这个问题""还有什么其他的资源可以使用吗"。家长可以建议孩子使用在线学习平台上的模拟测试,或和同学组队讨论,以寻找更多的解决方案。通过这种方式,孩子不仅能学会识别资源,还能培养自主学习和解决问题的能力。

总之,合理分配问题解决所需的资源,不仅能帮助孩子找到合适的解决方案,还能培养他们的独立思考能力和自我管理能力。通过具体的例子和建议,家长的引导可以帮助孩子在学习过程中更加高效地运用各种资源,从而更好地应对学习中的挑战。

第六步:监控实现目标的进度

在帮助孩子解决问题时,家长的第六步是关注目标达成,定期检查孩子的进展。许多孩子在学习过程中可能会忽略目标,或在某些步骤上反复出错。通过有效的监控,家长能够及时发现这些问题,从而提供更有效的支持。

1. 设定清晰目标

首先,许多孩子在解决问题时可能会失去对目标的关注。例如,他们可能因为遇到具体难题而迷失方向,忽视了整体学习目标。心理学中的目标设定理论强调,清晰且具体的目标可以提高个体的动力和学习表现。家长可以帮助孩子设定短期目标(如每周完成一定量的习题)和长期目标(如在考试中达到某个分数)。例如,家长可以说:"这个月我们一起努力,把数学成绩提高 10 分。"这样的目标能帮助孩子保持专注，避免在解决问题时走神。

2. 自我监控与反思

当孩子在解决问题时反复出现错误，家长可以使用自我监控策略，鼓励孩子回顾自己的解决过程。研究表明，反思自己的学习过程能增强学习效果[1]。家长可以问孩子："你觉得在哪一步遇到了困难？我们可以一起分析这个步骤，看怎么改进。"通过这样的提问，家长不仅能引导孩子思考，还能让他们感受到支持与理解。

3. 创建进度检查表

家长可以与孩子一起创建一个进度检查表，记录每周的目标和完成情况。每周末，与孩子一起回顾这个表，讨论哪些目标达成了，哪些需要调整。例如，如果孩子发现某个数学概念掌握得不好，那么可以重新设定目标，集中精力复习相关知识点。

4. 及时反馈

另外，及时的反馈也非常重要。孩子完成某个任务后，家长应给予具体而详细的反馈，而不是简单地说"做得好"或"做得不好"。例如，可以说："我看到你在这个问题上尝试了不同的方法，这很好！我们可以一起检查这个步骤，看看哪里需要改进。"这样的反馈能够帮助孩子理解自己的表现，并找到改进的方法。

---

[1] SWANSON H J, OJUTIKU A, DEWSBURY B. The impacts of an academic intervention based in metacognition on academic performance[J]. Teaching and learning inquiry，2024，12：1-19.

5. 建立反思习惯

家长还应鼓励孩子建立反思的习惯。在每次学习结束后,可以和孩子讨论:"今天的学习中有什么是你觉得特别成功的?有没有遇到什么困难?"通过这种方式,孩子不仅能清晰地认识到自己的进步,还能反思哪些方法更有效,哪些需要调整。

6. 创建开放环境

最后,家长的支持和引导至关重要。创建一个开放的沟通环境,让孩子愿意分享他们的挑战和感受。定期的沟通,能帮助孩子保持对目标的关注,增强他们的自我管理能力。

总之,通过定期监控进度,家长能够帮助孩子清晰识别目标,并及时调整学习策略。这不仅能提高孩子的学习效率,还能培养他们的独立思考能力,让他们在面对学习挑战时更加自信。在教导孩子解决问题的过程中,家长的角色非常重要,能够帮助孩子逐步提升学习成绩,并培养他们独立解决问题的能力。

本章总结

1. 问题解决能力的重要性

   - 问题解决能力是孩子学习和生活中不可或缺的一项能力。它能帮助孩子应对学习挑战。
   - 在学习中，问题解决能力与学习成果有直接关系，因为它不仅帮助孩子从失败中吸取教训，还帮助他们从挑战中不断调整和提升自己的能力。

2. 问题解决的三个阶段

   - **发现问题**：这是问题解决的第一步，孩子需要敏锐地意识到问题的存在。识别学习中的困难，不能只注意到"分数低"，而应深入分析"为什么"成绩不理想。
   - **界定问题**：这一阶段的关键在于明确问题的核心。孩子需要学会将复杂的学习问题拆解为具体且可操作的步骤，从而制订出有效的解决方案。
   - **问题解决的实践**：这一阶段，孩子调动已有的知识和经验，尝试解决问题，并不断评估解决方案的效果。家长应鼓励孩子进行反思和调整，从每一次的实践中吸取经验。

3. 问题解决的循环

   - **问题解决的六个步骤**：问题解决不是一个线性过程，而是一个不断循环的过程。孩子需要经历识别或发现问题，定义和表征问题、制订解决方案、策略，联系问题的相关知识，合理分配解决问题所需资源，监控实现目标的进度六个步骤。
- **系统化解决问题的流程**：通过这种系统化的方式，孩子不仅能更好地识别和解决学习中的问题，还能逐步提高自我管理和解决问题的能力。
- **实际应用**：家长可以通过引导孩子逐步掌握这些步骤，帮助他们从解决一个个小问题开始，逐步提升解决复杂问题的能力。定期的反思和总结也是孩子问题解决过程中不可缺少的一部分。

4. 提升问题解决能力的策略

- **识别或发现问题**：家长首先要帮助孩子识别具体的问题，并引导他们用更清晰的语言来表达问题的本质。
- **定义和表征问题**：当问题被识别后，家长需要帮助孩子定义问题的具体内容，使其更具可操作性。帮助孩子从多个角度思考问题，既能增强他们的灵活思维，又能帮助他们提高解决问题的效率。
- **制订灵活的解决方案、策略**：当孩子遇到学习困难时，家长可以帮助他们从不同的角度来思考问题，激发孩子的创造力和解决问题的思维能力。
- **联系问题的相关知识**：培养孩子的洞察力，鼓励孩子在面对新问题时，将其与已有知识相关联，从而更快速地解决新问题。
- **合理分配解决问题所需资源**：家长需要帮助孩子识别并合理利用可用的学习资源，如书籍、笔记、在线平台等。通过合理分配学习资源，孩子能在解决问题时更高效。

- **监控实现目标的进度**：家长应与孩子一起设定目标，并通过定期复盘检查孩子的进展，及时发现并调整学习策略。通过这种方式，孩子不仅能清晰地看到自己的学习成果，还能在面对挑战时保持自信。

5. 结论：问题解决能力的全面提升

- 提升问题解决能力不仅关乎学习成绩的提高，更关乎孩子未来面对各种挑战时的应对能力。
- 通过系统化的学习过程，孩子能够在问题识别、定义、解决方案制订和反思过程中不断成长。
- 家长在这个过程中扮演着至关重要的角色，既是支持者、引导者，也是激励孩子独立思考和解决问题的伙伴。
- 通过不断地实践和反馈，孩子将逐渐成为能够应对各种挑战的高效问题解决者。

第 15 章

学习品质之认知执行功能

在家长的日常生活中,孩子的学习问题似乎总是层出不穷。每当你陪孩子写作业时,是不是总有那么几次,孩子在桌前磨磨蹭蹭,翻着课本但就是不开始动笔?或者孩子坐在书桌前没几分钟,注意力就开始飘忽,随时被手机、玩具,甚至一只飞过的蚊子分散?这些场景在许多家长教育孩子的经历中反复出现。

> **典型家长困惑**
>
> ### 小伟的故事
>
> 一个班主任分享了她帮助小伟的经历。小伟每次写作业都要磨蹭半天才真正进入状态,家长为此多次责骂他,但收效甚微。小伟的妈妈感到非常无奈和自责,说道:"我是不是哪里做错了?为什么他就不能专心一点儿?"这个例子几乎每天都在不同的家庭上演。
>
> 在班主任的帮助下,小伟的情况逐渐好转。通过对小伟的

观察，班主任发现小伟在面对较复杂的任务时，往往缺乏启动的动力。因此，她为小伟制订了一个详细的任务计划表，并将每个任务分成更小的步骤，比如"先把课本打开，找到需要做的那一页，再从第一题开始做"。这种将任务细分的方式帮助小伟更容易地启动任务，并逐步建立起完成作业的信心。

来自家长的声音

在家长的讨论中，很多类似的故事被一再提及。比如有些家长提到，自己的孩子在学校表现良好，但回到家就好像失去了所有的学习动力，不论怎么劝说，孩子就是不愿意开始学习；还有家长提到，孩子在学习时总是容易分心，旁边有人说话，甚至一点儿小动静都会让他们走神。这些问题让家长们感到疲惫不堪，也不禁反思：为什么我的孩子总是学不进去？为什么我的孩子好像缺少坚持的能力？

认知执行功能的关键作用

其实，这些问题的背后有一个关键因素，那就是孩子的认知执行功能。认知执行功能并不仅仅是一个学术名词，而是直接关系到孩子在学习过程中的注意力、规划能力和任务执行力的关键能力。它就像是孩子大脑中的"指挥官"，帮助他们有计划地完成任务、控制情绪和专注于目标。

在学习过程中，认知执行功能的强弱决定孩子是否能够集中注意力、不受干扰，是否能有效完成学习目标。比如，当孩子需要完成一份作业时，认知执行功能可以帮助他们抑制想要玩手机的冲动，让他们保持专注，并按照先后步骤来完成任务。我们在下文将通过实际的案例和通俗的语言，帮助家长们理解：在学习的每个阶段，孩子都需要这种大脑的指挥能力，来帮助他们更好地应对学习中的各种挑战。

什么是认知执行功能

用最简单的语言来说，认知执行功能就是大脑管理孩子行为、帮助他们更好地完成任务的能力。它是孩子学习过程中至关重要的指挥系统，帮助他们有计划地完成任务，控制自己的情绪和注意力，并找到应对挑战的办法。就像一家公司需要一个首席执行官来统筹全局一样，孩子的大脑也需要这样的指挥官来管理他们的学习和生活。

从科学的角度来看，认知执行功能是一种帮助我们解决问题、制订计划和灵活应对变化的高阶认知能力。它包含了一系列复杂的认知神经技能，能够对思想、行动和情绪进行有意识的、自上而下的控制。这些技能对孩子完成推理、意志行动、情绪调节等复杂任务至关重要。

认知执行功能并不是一种单一的能力，而是一组协同工作的能力，负责指导我们如何有目的地、有计划地、自我调节地处理信息、情绪和行为。理解这些能力对于了解它们如何指导和影响孩子的学习表现非常重要。每个孩子具备和运用这些能力的数量和效率都可能不同，这也导致了个体在学习能力上的差异。

认知执行功能如何影响孩子的学习

1. 保持注意力集中

当孩子在上课或写作业时，他们的注意力需要像一只强有力的钩子,牢牢钩在学习任务上,而不是随时"松开"去关注其他无关的事物。这就是认知执行功能在帮助孩子专注于任务。

2. 计划和组织任务

认知执行功能还帮助孩子合理规划学习过程。例如,制订考试前的复习计划,合理分配每科的学习时间,都需要认知执行功能的支持。如果缺乏这一点,孩子们可能会毫无条理,从而导致学习效率低下。

3. 自我调节与情绪控制

学习过程中难免遇到困难和挫折,认知执行功能帮助孩子管理他们的情绪,让他们不会因为一时的困难而放弃,而是冷静地找到解决问题的办法。

案例分析

如何理解认知执行功能的表现

当小明的父母收到他初中第一学期的成绩单时,他们感到非常惊讶。小明一直是一个好学生,在小学期间,他的成绩从未低于B。但在上初中仅一个学期后,小明的语文和社会科目的成绩不及格,科学勉强及格,数学只拿到了C。

在学校的综合心理教育评估中,结果显示小明的智力水平高于平均值,且学术技能也在平均值之上。然而,他在课堂活动中的表现却难以令人满意。老师和父母都感到困惑,究竟是什么在阻碍小明的表现?

经过进一步观察和讨论,学校的多学科团队得出结论,小明的问题源于认知执行功能的不足。以下是一些具体的表现。

- **难以启动任务**：小明经常需要很长时间才能"进入状态"。即使他知道该做什么，往往也无法迅速开始。他的父母和老师一起尝试制订了更加细化的学习计划，将学习任务拆分为更小的步骤，例如"先找到课本，打开到指定页面"，帮助他一步步启动学习。
- **转换困难**：小明很难从一个活动转换到另一个活动，尤其是从自己喜欢的活动切换到学习任务。例如，当他正在玩电脑游戏时，他几乎无法立刻放下，然后去完成作业。班主任建议父母给他设立明确的切换提醒时间，并且逐步减少从娱乐活动切换到学习的时间。
- **组织能力差**：小明在整理和组织学习材料方面也遇到了困难。他经常找不到学习所需的书籍、笔记本，或者缺乏系统的复习规划。这些问题直接影响了他的学习效果。班主任和小明的父母帮助他通过制订学习时间表和建立学习材料的管理系统，逐渐提高了他的组织能力。

这些表现说明，小明的学业困难主要源自认知执行功能的缺陷，这些缺陷影响了他的启动、转换和规划能力。但通过持续的干预和支持，例如分步完成任务、设立明确的切换提醒时间、建立学习材料管理系统等，家长和老师们可以帮助孩子逐步提升认知执行功能。

认知执行功能的核心成分及其具体表现

认知执行功能主要包括三个核心成分：抑制控制、工作记忆刷新和认知灵活性[1]。以下是这三个成分的具体描述，以及它们如何帮助孩子提升在日常学习和生活中的表现。

抑制控制

抑制控制是指孩子在必要的时候能够抑制自己的冲动行为，避免受到干扰。这是孩子在学习过程中保持专注和调节情绪的关键能力。

- **情绪调节和抑制冲动**：抑制控制不仅包括对外部干扰的抑制，还包括对情绪的管理。例如，孩子在写作业时遇到难题时，可能会感到沮丧，如果没有良好的抑制控制，可能会直接放弃任务。而有良好抑制控制的孩子则能够冷静下来，继续尝试找到解决办法。
- **任务专注和阻止分心**：例如，在课堂上，孩子需要抑制对周围噪声的反应，集中注意力听老师讲课；在家中，孩子需要抑制玩手机的冲动，专注于完成作业。这种对冲动行为的控制对于维持学习中的专注和按计划完成任务至关重要。

工作记忆刷新

工作记忆刷新是指孩子在短时间内保存并操作信息的能力。它对于学习过程至关重要，能帮助孩子理解复杂的信息并将其应用于新情境中。

- **工作记忆刷新的作用**：工作记忆刷新可以帮助孩子在学习

---

[1] DIAMOND A. Executive functions[J]. Annual review of psychology, 2013, 64(1): 135-168.

中保留并操作必要的信息。例如，解数学题时，孩子需要在脑海中保留前一步的运算结果，才能继续完成下一步。
- **启动和完成任务**：工作记忆刷新还帮助孩子启动并完成学习任务。许多孩子在面临任务时会拖延不前，表现为进入学习状态慢，这常常与工作记忆刷新未能有效激活相关信息有关。改善工作记忆刷新，可以帮助孩子更好地启动并完成任务。

认知灵活性

认知灵活性是指孩子能够在不同任务之间迅速切换，并适应变化的要求。这种能力对孩子在多变的学习情境中保持适应性非常重要。

- **转换和灵活性**：认知灵活性帮助孩子在从一项任务切换到另一项任务时，迅速调整思维模式。例如，从语文切换到数学时，孩子需要快速地调整他们的思考方式，以适应不同的学习内容。灵活性还意味着当遇到困难时，个体能够改变策略，而不是固守一种无效的方法。
- **解决问题的能力**：当孩子在面对学习中的困难时，例如，解数学题时遇到阻碍，认知灵活性可以帮助他们尝试其他的方法，而不是重复无效的步骤。

其他执行功能与核心成分的关联

除了上述三个核心成分，还有一些与之密切相关的能力，它们在实际学习情境中相互协作，帮助孩子更好地应对学习中的各种挑战。

1. 计划和组织能力（与工作记忆刷新和抑制控制相关）

计划和组织能力帮助孩子合理规划学习任务、制定目标并安排步骤。这种能力依赖于工作记忆刷新和抑制控制。例如，孩子需要抑制对不相关活动的兴趣，并利用工作记忆刷新规划每一个步骤，从而顺利完成任务。

2. 时间管理和自我监控能力（与认知灵活性和工作记忆刷新相关）

时间管理包括合理分配学习时间，而自我监控则涉及在学习过程中的自我检查，确保任务按时且按质完成。这些能力需要工作记忆刷新来跟踪任务进度，并需要认知灵活性来根据实际情况调整计划。

3. 监控和纠正行为能力（与抑制控制和认知灵活性相关）

孩子需要在学习过程中不断监控自己的行为，并在发现错误时及时进行修正。这种能力依赖于抑制控制以及认知灵活性，从而确保学习过程中的错误能够被及时纠正，最终提高学习效果。

小结

通过理解和发展这些认知执行功能，家长可以更有针对性地帮助孩子在学习的各个环节中提升表现。认知执行功能不仅在学科学习中至关重要，还在孩子的日常生活、与他人的互动以及应对各种挑战中发挥着重要作用。帮助孩子提高这些能力，不仅能让他们更好地应对学业中的困难，还能更好地管理日常生活。

家长如何训练孩子的抑制控制

抑制控制的功能原理

抑制控制是认知执行功能的核心成分之一，帮助孩子抑制干扰，集中精力完成任务。科学研究指出，抑制控制不仅影响孩子的学业表现，还与情绪管理密切相关[1]。它的主要功能包括：

- **抑制不合适的行为反应**（例如，避免打断老师或产生对外界噪声的反应）。
- **控制内在的冲动**（例如，控制玩手机的冲动）。
- **维持注意力**，帮助孩子专注于当前的学习任务。

抑制控制是大脑中的一种"刹车"机制，帮助孩子在面临多重干扰时保持冷静和专注，有效的抑制控制能力可以让孩子在面对复杂学习任务时保持稳定和高效。

家长如何帮助孩子提升抑制控制？ 提升孩子的抑制控制可以通过有计划的练习和行为引导，帮助他们逐步增强这种关键的认知能力。以下是具体的干预思路和方法。

1. 明确任务和预期

帮助孩子理解每个学习任务的具体目标，并明确哪些行为是需要抑制的。例如，孩子在写作业时，需要清楚了解必须集中精力完成作业，而不应随便离开座位或玩玩具。家长可以通过和孩子共同设定学习目标，让孩子有明确的方向感和行为边界。

---

[1] CAMEROTA M, WILLOUGHBY M T, MAGNUS B E, et al. Leveraging item accuracy and reaction time to improve measurement of child executive function ability[J]. Psychological assessment, 2020, 32(12): 1118-1132.
DIAMOND A. Executive functions[J]. Annual review of psychology, 2013, 64(1): 135-168.

2. 逐步提高挑战性

通过逐步增加任务难度或减少外界干扰的方式，家长可以训练孩子在不同情境中的抑制控制能力。例如，可以从简单的"安静完成 5 分钟作业"逐渐过渡到"专注 30 分钟的学习任务"。这种渐进式的挑战有助于孩子增强对干扰的应对能力。

3. 提供反馈和正强化

通过明确的反馈和奖励机制来激励孩子。当他们成功控制住自己的冲动并按计划完成任务时，给予他们奖励，如贴纸、玩具或额外的自由时间，以增强他们的自信心、自控力和继续改进的动力。

4. 创建支持性环境

为孩子创造一个干扰少、相对独立且安静的学习环境。例如，在家里设立一个"无干扰学习"区域，减少视觉和听觉（如玩具、电视和电子设备）的干扰。这种安静的学习环境有助于孩子保持专注，减少冲动行为的发生。例如，一个家长反馈说，通过将学习区域与玩具区域分开，孩子的专注力提高了很多。

5. 具体学习场景中的干预方法

以下是家长在日常生活中可以应用的干预方法，以帮助孩子提高抑制控制。

（1）使用视觉提示和任务列表

使用视觉提示和任务列表，帮助孩子明确学习任务要求。图表、贴纸或标志可以用来提醒孩子在特定时间内需要完成的任务，这种方法可以帮助他们减少随意离开学习任务的冲动。

（2）运用游戏化练习来提高抑制控制

一些专门设计的游戏可以有效训练孩子的抑制控制能力。例如，"红灯／绿灯"游戏能够有效提高孩子在面对快速刺激时的反应控制能力。这类游戏不仅有趣，还能帮助孩子在玩耍中培养抑制控制能力。

（3）设立明确的学习和娱乐时间表

帮助孩子制订详细的学习和娱乐时间表，例如每天几点完成作业，几点可以看电视或玩游戏。让孩子清楚知道什么时候是学习时间，什么时候是自由活动时间，这种时间安排可以帮助他们练习抑制学习时间内的冲动行为。

（4）教导孩子深呼吸和延迟反应技巧

当孩子感受到冲动时，可以教导他们使用深呼吸或倒数的方法来延迟反应。例如，当他们想要打断别人讲话时，让他们学会先深呼吸三次，然后再决定是否插话。这个方法可以帮助孩子在社交场合中或面对冲突时更好地控制情绪。

6. 小结

通过以上方法，家长可以帮助孩子在日常生活中逐步提升抑制控制能力。无论是在家庭场景还是学校的学习环境，这些策略都有助于孩子提高整体学习表现和社交行为的稳定性。家长可以尝试其中的一些方法，找到最适合孩子的方式，帮助他们在学习和生活中取得更好的成绩。

家长如何训练孩子的工作记忆刷新

工作记忆刷新的原理

工作记忆刷新是大脑管理和操作信息的核心部分，帮助孩子在学习任务中不断保持、刷新和整合信息，从而顺利完成复杂的任务。科学研究表明，工作记忆刷新对孩子的学习成绩有显著影响[1]，特别是在面对复杂任务时，孩子需要持续地对新信息进行修改和整合。这种能力帮助他们在不断变化的学习环境中适应并高效完成任务。

工作记忆刷新可以通过训练得以改善。通过逐步增加任务复杂性和反复的练习，孩子可以扩展工作记忆的容量并提高效率。工作记忆刷新不仅仅是记住信息，更要求孩子能够灵活地处理这些信息，以便在新的情境中应用。因此，家长可以通过科学的方法，帮助孩子在日常生活中提升这种能力。

家长在帮助孩子提升工作记忆刷新能力时，可以采取以下**干预方法**。

1. 逐步增加任务复杂度

在孩子能够处理简单的信息任务后，逐步提高任务的复杂性。例如，从记忆简单的数字序列开始，逐渐过渡到复杂的多步骤问题解决。这样可以让孩子在不断提升的挑战中逐渐增强对信息的处理能力。

2. 提供结构化的练习机会

提供结构化的练习或游戏，这些练习或游戏需要有具体的目标和反馈。例如，通过数字倒背游戏逐渐提高工作记忆刷新。有效的工作记忆刷新的提升需要系统化的练习，逐步强化神经连接。

---

[1] KLINGBERG T. Training and plasticity of working memory[J]. Trends in cognitive sciences, 2010, 14(7): 317-324.
 PAPPA K, BISWAS V, FLEGAL K E, et al. Working memory updating training promotes plasticity & behavioural gains : a systematic review & meta-analysis[J]. Neuroscience & biobehavioral reviews, 2020, 118: 209-235.

3. 给予情感支持与鼓励

在训练过程中，家长需要不断给予情感支持，帮助孩子树立自信心。当孩子遇到困难时，不要过于苛责，而要以鼓励的方式让孩子逐渐提升。

4. 具体学习场景中的干预方法

以下是一些具体的在家庭场景中可以应用的干预方法。

（1）双向记忆练习

采用数字倒背游戏训练孩子的工作记忆刷新。例如，给出一个数字序列，让孩子先按正序重复，然后再按倒序重复。这种练习能有效提高孩子处理和刷新信息的能力。例如，小明通过每天的数字倒背练习，他的数学成绩逐渐提高，因为他的思维过程更为连贯。

（2）通过数学题训练工作记忆刷新

在帮助孩子解数学题时，鼓励他们在每完成一个步骤后复述前面的步骤和结果。这种练习能帮助孩子建立逐步刷新信息的习惯，确保思维过程的连贯性。例如，家长可以问："上一个步骤是什么？它对我们现在要做的有什么影响？"

（3）使用视觉提示和任务表

使用图表和任务列表帮助孩子明确学习任务的要求。例如，用图表来标记任务的各个步骤，帮助他们一步步完成并进行信息的实时刷新。通过这样的方式，孩子可以清晰地看到自己的学习进展，并不断调整和刷新自己的目标。

（4）游戏化的记忆训练

通过一些专门设计的记忆游戏，如 N-back 任务，帮助孩子在有趣的情境中进行工作记忆刷新能力的练习。N-back 任务要求孩子判断当前信息是否与之前的信息相匹配,这个任务不仅有趣,还能有效增强孩子在多任务环境中的工作记忆刷新能力。

(5)复述与总结

在阅读过程中,鼓励孩子每读完一个段落后尝试复述这一段的主要内容,并在读到新的内容后进行刷新和整合。这种方法能帮助孩子将阅读中的信息不断融入整体理解中,提升信息整合能力。

(6)培养每天信息刷新的习惯

鼓励孩子每天总结当天学到的新知识,并尝试将这些新信息与之前学到的知识联系起来。这种信息刷新的方式不仅有助于记忆巩固,还能帮助孩子更好地理解和应用知识。

5. 小结

工作记忆刷新能力的训练需要时间和耐心。在训练过程中,家长应多给予积极的反馈和支持,帮助孩子逐步提高他们的工作记忆刷新,从而提高认知执行功能。尽管孩子的进步可能是渐进的,但通过持续的努力,孩子的学习和认知能力将会得到显著改善,这也将为他们的学习和生活打下坚实的基础。

家长如何训练孩子的认知灵活性

认知灵活性的功能原理

从认知神经学的角度看,认知灵活性涉及大脑前额叶皮质和其他脑区的协作,它们能帮助孩子在新任务与旧任务之间进行有效的调节,避免旧信息对新学习的干扰[⊖]。

⊖ DIAMOND A. Executive functions[J]. Annual review of psychology, 2013, 64(1): 135-168.

认知灵活性帮助孩子有效应对学习中的变化和挑战。其**主要功能如下所示**。

- **任务切换**：能够在不同任务之间高效切换，减少切换过程中的时间浪费和注意力分散。
- **策略调整**：在遇到问题或困难时，及时更改应对策略，而不是固守无效的方法。
- **多角度思考**：培养孩子从不同角度看问题的能力，以便在解决问题时找到更多解决方案。

在学习过程中，认知灵活性有助于孩子在面对需要切换的任务时迅速调整策略。例如，在学校里，孩子可能需要从逻辑性很强的数学任务切换到需要创造力的作文写作任务，这种快速适应不同任务要求的能力对他们的学习表现非常重要。

干预认知灵活性的整体思路

家长可以通过以下几种方式来提升孩子的认知灵活性。

- **鼓励多角度思考**：通过讨论和提问，鼓励孩子从不同角度看待问题，以增强思维灵活性。
- **任务切换练习**：通过练习不同类型任务之间的切换，逐渐提高孩子在任务间切换的速度和效率。
- **接受和适应变化**：通过情景模拟，让孩子习惯并接受任务中的变化，从而提升他们的适应能力。

场景化干预方法

以下是一些可以帮助孩子提升认知灵活性的干预方法。

1. 开放式问题讨论

与孩子一起讨论开放式的问题，例如对他说："你认为这件事还有其他解决办法吗？"这种方式能促使孩子从多个角度思考问题，逐步培养认知灵活性。例如，当学生面对一道题时，老师会鼓励孩子提出更多解题方案来探索不同的路径。

2. 任务类型的切换练习

- **多样化学习任务**：在家庭作业中，家长可以引导孩子在不同类型的任务间来回切换，例如做完一道数学题后，让孩子再去读一段英语文章，然后再回来完成另一道数学题。这样的练习可以提高孩子在任务间的切换速度和适应能力。
- **双任务练习**：例如，让孩子在背诵单词的同时做一个简单的手工，这种双任务练习可以锻炼他们在不同任务之间的切换能力。

3. 情景模拟和角色扮演

- **情景模拟**：设置不同的情境，例如在超市购物或完成学校项目，让孩子在情景中不断面对新的问题和任务，从而练习适应和切换能力。
- **角色扮演**：家长可以与孩子一起进行角色扮演，让孩子在同一情景中扮演不同角色，并适时切换角色的行为方式，这有助于增强他们的认知灵活性。

4. 游戏化干预

可以让孩子尝试错位拼图游戏。比如，让他们玩拼图或搭建积木，在其中设置一些意外挑战，例如临时更改拼图目标，要求孩子根据新目标重新拼图。这种游戏能帮助他们练习面对意外变化时的灵活应对能力。

5. 鼓励策略改变

在面对学习中的困难时，家长可以引导孩子思考其他可能的解决办法。例如，当一种解题方法不起作用时，鼓励他们尝试其他方法，这可以培养他们在面对挑战时及时调整策略的能力。

小结

认知灵活性帮助孩子适应环境中的变化，迅速切换任务和调整策略。通过理解并使用这些干预方法，家长可以帮助孩子提升认知灵活性，从而让他们更好地应对学习中的各种挑战。培养认知灵活性不仅能提升孩子的学业表现，也能对日常生活和社交互动产生重要作用，为孩子应对复杂环境变化提供坚实的基础。

本章总结

1. 认知执行功能的关键作用

   - **认知执行功能的定义**：孩子学习和生活中的"指挥官"，帮助他们保持专注、有效规划任务并控制情绪。
   - **认知执行功能对学习的影响**：影响孩子的注意力、规划和任务执行，它是决定学习效率和情绪管理的重要因素。

2. 认知执行功能的核心组成部分

   - **抑制控制**：帮助孩子抑制冲动行为，集中注意力，不被外界干扰，管理情绪。
   - **工作记忆刷新**：帮助孩子在短时间内保存并加工信息，用于多步骤解题、阅读理解等场景。
   - **认知灵活性**：帮助孩子在不同任务间进行快速切换，适应变化并调整策略。

3. 如何帮助孩子提升认知执行功能

   - **抑制控制的提升**：家长可以通过明确任务和预期、逐步提高挑战性、提供反馈和正强化、创建支持性环境等方式，帮助孩子在学习过程中更好地抑制冲动行为。
   - **工作记忆刷新的训练**：利用逐步增加任务复杂度、提供结构化的练习机会、给予情感支持与鼓励等方法，提高孩子的工作记忆刷新，使他们能够更好地加工和整合信息。

- **认知灵活性的训练**：家长可以通过开放式讨论、任务类型切换练习、情景模拟和角色扮演、游戏化干预、策略改变等场景化干预方式，帮助孩子提高面对不同学习情景的应变能力。

　　本章详细分析了认知执行功能及其在孩子学习中的重要性，以及认知执行功能包含的关键能力，并为家长提供了提升这些关键认知能力的实用建议。通过科学的训练和持续的引导，家长可以为孩子在学业和生活中的成功打下坚实基础。

附录一

给家长的建议

在孩子的成长过程中,学习品质是决定他们未来成功与否的重要因素。想象一下,一个孩子在面临学业压力时,能够保持冷静、积极寻求解决方案,而不是轻易放弃。这种品质源于他们内心深处的心智模式,即他们对学习和挑战的看法,以及应对困难的能力。在孩子的学习旅程中,成绩低迷或停滞不前是许多家庭常见的挑战。想象一下,你的孩子在数学测验中总是得不到理想的分数,眼看着同学们纷纷进步,他感到无助与沮丧。作为家长,你此时该如何帮助他突破这种困境,重新点燃对学习的热情?

本附录将为你提供一系列生动而实用的策略,帮助孩子在面对学习困难时实现逆袭。比如,你可以与孩子一起回顾学习中的小胜利,鼓励他们发现自己的进步之处;制订一个有趣的学习计划,将难度逐渐增高,帮助他们感受到成就感。同时,我们还将讨论如何营造一个积极的学习环境,让孩子在家中感到安全与被支持,从而大胆地面对挑战。

在接下来的内容中,我们将深入探索如何识别学习中的困难,并采取切实可行的措施帮助孩子改变现状。在这个附录中,我们将一起探讨提升孩子学习品质的关键心智模式。通过理解这些模式,你将能够更有效地支持孩子,帮助他们在学习中建立信心,培养责任感,最终在生活中茁壮成长。无论是面对考试的焦虑，还是学习上的困难，这些心智模式都将成为你与孩子一起迎接挑战的重要工具。

本附录将围绕四个基础模块展开：知识、机制、实践和答疑解惑。每一个模块都是你育儿工具箱中的一件利器，帮助你应对孩子成长过程中的各种情况。

知识模块

当我们谈到教育时，知识体系就像是那明亮的灯塔，指引我们在风浪中前行。了解孩子的行为和情绪，可以让我们在面对挑战时更加从容。试着想象一下，当你掌握了正确的知识后，是否能在关键时刻做出明智的选择？那种自信和清晰感，正是你可以拥有的。

机制模块

孩子的成长就像一部精妙的机器在运转，了解这台机器的运作方式对你至关重要。我们会一起探讨孩子行为背后的规律，让你能用科学的视角看待教育。这样，当你看到孩子的某个行为时，不再是困惑，而是能理解其中的原因和发现可能的解决之道。

实践模块

在理论之外，实践同样重要。我们将分享一些具体的技巧，帮助你轻松应对孩子在学习和生活中可能遇到的问题。这部分将是你最直接的工具，助你将知识转化为有效的行动，真正为孩子的成长助力。

答疑解惑

在育儿的道路上，难免会遇到一些让人头疼的问题。我们特别设置了这一部分，与你分享常见的困惑及应对策略。希望通过这些实际的解决方案，你能感受到被支持与理解，找到适合自己的前行方式。

家长教育孩子需要掌握的知识

在教育孩子的过程中，了解自己需要掌握的知识是非常重要的。我们一起思考一下，你认为哪些知识对你来说最为关键？在接下来的内容中，我会系统地为你整理出这一领域的知识框架。

首先，这个知识框架包含四类知识，帮助你更好地应对教育中的各种挑战。

第一类知识：你需要管理什么

这部分涉及对教育任务的明确界定。许多家长忙得不可开交，却不清楚自己的主要任务。想一想，如果你不清楚自己的职责，你的努力可能就会失去方向。因此，首先要明确你的教育任务是什么。这不仅是对自己职责的清晰认知，也是有效应对各种教育挑战的基础。

第二类知识：为什么

这涉及你的答疑解惑能力。孩子的行为往往是有原因的，你需要透过表象去理解本质。例如，孩子为什么沉迷于手机？他为什么不想上学？他为何总是与你对着干？这些问题的答案可以帮助你更好地理解孩子的内心世界，让你找到有效的解决方案。

第三类知识：预判和预测

这一层次的知识帮助你思考发展趋势。想象一下，如果目前的情况持续下去，会产生什么后果？这不仅关乎问题的解决，还涉及对未来的规划和应对策略的制订。

第四类知识：干预和解决方案

最后，你需要掌握有效的干预方法和解决方案。这是实际应用知识的阶段，帮助孩子克服各种困难与挑战。

总结起来，这四类知识可以归纳为：管什么、为什么、会怎样、怎么办。它们分别对应着你在教育孩子的过程中的关键作用：管理、解惑、预测和干预。

现在，我想请你反思一下，在你的教育过程中，觉得自己最缺乏哪一方面的知识？是对管理任务的理解，还是对孩子行为原因的认识，又或是对孩子未来发展的预测能力，还是解决问题的策略？

值得注意的是，许多家长在应对孩子的行为时，往往过于关注怎么办，而忽视了对问题本质的分析和对现状发展的掌控。这可能导致干预措施显得杂乱无章。有些家长尝试了我教的方法，效果显著；而有些则未能如愿，这正是因为缺乏对问题根源的深刻理解。

因此，这四个层次的知识缺一不可。每一个环节都需要充分掌握。只有这样，你才能在教育孩子的过程中游刃有余，真正做到有效的引导与支持。

理解家长教育知识体系

现在，让我们深入探讨优秀家长所需的知识体系。即使你还不能完全掌握这些知识，了解它们的存在也是至关重要的，它们将帮助你在处理孩子学习、成长和生活中的各种心理和行为问题时更加从容。

首先,我们需要明确你要管理的是什么,这就是你的教育任务。教育孩子不仅仅要处理问题,更要有明确的方向和目标。我构建了一个叫作生活学习发展(Life Learning Development,LLD)任务管理模型的框架来梳理这些任务。这个模型帮助你构建知识体系,让你能有条不紊地管理孩子的生活、学习和成长三大领域。

生活领域的关键任务

在孩子的生活领域中,家长有三个关键任务,它们必须均衡发展。

幸福的生活经历

你的首要任务是为孩子提供一个幸福的童年和青少年生活。这不仅关乎学业成绩,更关乎孩子未来的美好回忆。幸福的经历是构建孩子自信与归属感的基础,正是这些温暖的瞬间,陪伴他们成长。

良好习惯的培养

孩子之间的差异常常在于习惯的质量。良好的习惯能够引导他们走向更美好的人生。许多家长对如何培养好习惯和矫正坏习惯的知识并不充分。了解习惯的形成过程是每个家长必须掌握的技能,这将帮助你为孩子日后的学习打下坚实的基础。

有效的沟通

与孩子的沟通至关重要。许多家长在与孩子交流时会遇到障碍，不知道如何表达，或如何让孩子愿意倾听。学会在关键时刻进行有效沟通，能够帮助你更好地理解孩子，增进亲子关系。

每个任务都对应着必要的知识点。你不需要在这一刻掌握所有内容，但建立这个框架是关键。未来，在应对孩子的各种问题时，你可以依赖这个知识体系，帮助你理清思路。

记住：幸福的生活经历、良好习惯的养成和有效的沟通，这三大任务是你作为家长的重要职责。随着你对这些知识的逐步掌握，你会发现自己在教育孩子的道路上更加自信与从容。

学习领域的关键任务

接下来，我们来讨论第二个领域：学习领域。作为合格的家长，确保孩子在学习上的成功是至关重要的。常常听到一些家长说："只要孩子努力学习，成绩自然会提高。"但这背后还有更多值得我们思考的内容。

任务一：关注成绩与结果

首先，你需要关注孩子的成绩和学习结果。有效的学习管理能够带来实质性的进步，而成绩是学习成果的直观体现。因此，在管理学习时，推动成绩的提升是非常重要的。

理解成绩背后的学习原理是关键。学习过程可以被分为信息的输入、加工、输出和提取。了解这些认知过程，将帮助你更好地理解孩子的学习方式。在后续的课程中，我们将深入探讨具体的学习实操技巧，以增强你在这方面的知识储备。

任务二：管理学习过程

其次，你还需要关注学习的过程。学习过程主要包括两条线。

1. 教育过程

这部分涉及教学、评估、练习和测验的综合体系。作为家长，你需要掌握如何通过这些模块有效地引导孩子的学习。这不仅关乎孩子的知识积累，更影响他们的学习方法和思维方式。

2. 心理过程

学习不仅仅是知识的积累，更涉及学习的状态、习惯、动力、态度和方法。这些心理因素在孩子的学习中起着至关重要的作用。

关注这两条线：第一条是从知识、教育的角度来看学习的过程，第二条是从心理学的角度来理解学习的状态和习惯。掌握这两条线的知识，将帮助你优化孩子的学习过程，提升他的学习效率。

要记住，改善学习不是一蹴而就的。你需要建立一个清晰的框架，扎实掌握这些知识。我一直强调，建立这样的框架是成功的关键。

这就是学习领域的核心内容。如果你希望孩子学得更好，牢记这两条线是非常重要的。只有将这两条线贯穿在教育孩子的全流程中，你才能成为真正懂得学习和教育的家长，与孩子进行有效的沟通。

许多家长在与孩子讨论学习时，往往只会传递焦虑和指责，而缺乏有效的方法。这正是因为他们没有理解这两条线。掌握这些知识后，你将能够更有效地帮助孩子在学习上获得进步。

成长领域的关键任务

现在，让我们来讨论第三个关键任务领域：成长领域。许多家长往往会忽视孩子的成长，直到后期才感到后悔。我常常听到一些家长分享，他们在孩子小学和初中阶段只专注于让孩子学习，却忽视了对孩子心理素质和良好品质的培养，结果导致亲子关系出现问题，生活变得忙乱不堪。

如果你的孩子正在读小学或初中，现在正是重视成长的关键时刻。请花一点儿时间反思一下，自己在孩子成长的培养上究竟投入了多少心力。

成长的三大任务

在成长领域，有三个主要任务。

1. 培养心理健康的孩子

我曾提出一个形象的理论，把心理健康比作一棵参天大树，上面住着七个葫芦娃。这七个葫芦娃分别代表了心理健康的七个重要方面：健康的心态、情绪、行为、关系、人格、自我以及适应能力。为了让你的孩子在心理上健康成长，可以从这七个方面入手进行培养。

2. 碎片化互动中培养孩子的三观

在日常生活中，通过小小的互动来帮助孩子建立健全的世界观、人生观和价值观。首先，帮助孩子形成健康的自我意识，增强他们的自尊、自信和自强；其次，引导他们明确未来的方向；最后，让他们理解自己与他人、世界的关系。这种自我感知的过程可以被理解为镜像自我，即孩子通过他人对自己的看法来构建自身的价值观。

特别是在12到15岁这个关键的成长期，孩子们将逐渐从家庭走向社会。在这个阶段，家庭的互动会转变为社会的影响。通过与外界的接触，孩子会不断修正和强化自己的三观。因此，作为家长，你需要在这个阶段积极参与，帮助他们更好地理解周围的世界。

3. 构建知识体系

生活学习发展任务管理模型涵盖了三个领域、九大任务。这可以成为你未来教育孩子的知识蓝图。在前八大任务的基础上建立起知识体系，将帮助你更好地理解孩子的成长过程。

总之，关注孩子的成长不仅是对学习的辅助，更是培养其全面素质的关键。通过理解并运用这三大领域和九个任务，你将能够为孩子的未来打下更坚实的基础。

解惑的能力

接下来，我们要讨论的是解惑。在教育孩子的过程中，家长常常会遇到各种复杂的问题，心中充满疑问：为什么会这样？这种现象背后究竟隐藏着什么原因？高水平的家长与普通家长之间的主要差异，正在于他们的问题解释体系的深度与广度。

在生活学习发展任务管理模型中，有三个重要的认知方法来帮助我们解惑。

- **解释现象**：深入透视孩子面临的各种问题。
- **拆解任务**：将复杂问题拆分成易于处理的小任务。
- **理解当事人**：理解孩子的内心世界和真实感受。

掌握这三个认知方法，能显著提升你解决问题的能力。我将重点阐述如何解释现象。

如何解释现象

解释现象的能力，意味着透过孩子表现出的种种问题来看清本质。例如，孩子厌学的原因并不止于表面现象，背后往往隐藏着深层次的心理因素。为了帮助你更好地理解这一点，我将提供两个工具，帮助你解读和分析这些现象。

工具一：概念和结构化

面对众多问题时，首先要将其结构化。每一种现象都需要明确界定，找到边界和结构。举个例子，当家长提到孩子厌学时，常常只是描述零碎的表现，比如："昨天他学了一会儿，就又玩手机，今天完全不想上学。"这种描述缺乏系统性，而我们需要从中提取出关键信息，构建一个关于厌学的整体框架。

工具二：层次分析

在处理孩子的各种问题时，可以将问题分为三个层次。

信息层：这层是客观的事实，没有情感和观念。每个人在谈论同一件事情时说出的内容应相似。

观念层：这层是信息经过每个人大脑加工后形成的独特观念。你如何看待世界，取决于你对信息的理解和感知。

体验层：这层是你对事物的反应，包括本能反应和社会化习得的反应，即反应可以是天生的，也可以是在社会化过程中形成的。并且心理和生理反应均有涉及。

了解这三个层次，可以帮助你在与孩子沟通时更有条理。许多家长在与孩子交流时，往往将信息、观念和体验混为一谈，导致沟通不畅。因此，厘清这三个层次，将使你的解惑能力大大提升，从而更有效地支持孩子的成长。

六条可以促进孩子学习的通路

孩子的学习改变涉及人的因素、任务的因素以及环境的因素。我们既可以通过改变人的因素来促进学习，也可以聚焦任务因素来改善学习，同时也还可以通过优化环境来影响学习。总结来说有以下六条途径可以改善、促进孩子学习。

人-任务的路径

这条路径指的是通过改变孩子的状态来优化具体的任务。例如当孩子情绪低落时，你可以选择带他们去公园玩耍或去他们喜欢的餐厅。这种直接改变人的因素方式，可以帮助孩子暂时摆脱负面情绪，重新获得积极的心态。总结来说，人-任务的路径就是通过调整孩子的情绪等状态，来让他们更好地应对当前的问题。

人-人-任务的路径

这一路径强调在面对已经发生的事情时，首先关注孩子的情感和人际关系。比如，孩子期末考试考得不好，先与你的孩子谈谈他们的感受，了解他们的想法和情绪，从而增强你们的亲子关系，之后再讨论学习上的问题。总结来说，人-人-任务的路径通过先调节孩子的情绪，然后改善人际关系，来为解决具体问题创造良好的基础。

人-人的路径

这条路径强调在遇到问题时，不考虑具体的任务，而是先关注孩子的人际关系。例如，如果孩子不愿意上学，可以鼓励他们与好朋友一起上学，而不是直接讨论学习。通过增强社交支持，可以帮助孩子更好地适应学校环境，减轻他们的抵触情绪。总结来说，人-人的路径在于通过建立良好的人际关系，来促进孩子的安全感，从而在未来更有效地解决问题。

人的单一路径

这条路径指的是不管具体的学习任务与发生的事情,也不管是在什么环境下发生的问题。我们始终聚焦孩子本身,关注如何帮助孩子更好地发生状态改变、情绪改变与观念态度的改变。让孩子自己逐渐适应,而不过多干预。例如,当孩子在新学校感到焦虑时,允许他们在家里先熟悉课程内容,或提前带他们去学校了解环境。这样,他们可以在自己的节奏下适应新变化。总结来说,人的单一路径通过允许孩子自主适应,来减轻他们的焦虑,增强他们的自信心。

任务-人-人的路径

这一路径强调在处理问题时引入新的活动来分散孩子的注意力。例如,孩子因为与朋友的争执而沮丧,可以安排与其他朋友聚会。参与新活动可以调节情绪,让孩子从负面情境中走出来。总结来说,任务-人-人的路径通过引入新活动,帮助孩子调整情绪,从而更好地处理人际关系中的问题。

整合三大支柱

这条路径强调理解孩子生活中的三大支柱:人、环境和任务。如果其中一个支柱出现问题,其他支柱也会受到影响。比如,孩子在学校学习不顺利,可能与家庭环境的压力有关。改善家庭沟通氛围,可以帮助孩子在多个方面获得支持。总结来说,整合三大支柱路径通过综合考虑人、环境和任务的影响,来全面提升孩子的学习和成长状态。

总结

教育孩子并不是单一的过程,而是多条通路的综合运用。掌握这些路径,将帮助你更有效地支持孩子的学习和成长。

解决问题的灵活策略

在处理孩子的问题时,许多家长常常感到无从下手,甚至陷入绝境。比如,有人觉得无法改变孩子的态度或学校的环境,这时可能会感到崩溃、不知所措。面对这样的挑战,有一些灵活的策略可以帮助你找到突破口。

暂停一段时间

有时候,最好的解决办法就是给自己和孩子一点儿时间。当情景让你或孩子感到无能为力时,可以尝试暂时放下这个问题。比如,孩子在写作业时感到有压力,你可以允许他们先休息10分钟,再回来继续。这种短暂的暂停有助于缓解紧张情绪,孩子之后再继续做作业时,往往会有新的思路和更清晰的判断力。总结来说,暂停一段时间可以让大家在冷静后以更开放的心态重新审视问题。

换顺序

当直接改变孩子或环境不太可能时,可以考虑调整事情的处理顺序。比如,孩子在某一科目的学习上遇到困难,可以先集中精力提高其他科目的成绩,这能帮助他们建立自信,逐步改善对学习的态度。通过这种换顺序的思维,你可能会打破固有的思维模式,找到新的解决方案。

整合资源

在应对问题时,善于整合各种资源也是一种灵活的策略。比如,可以寻求学校老师、心理咨询师或其他家长的建议和支持。与其他人交流,分享彼此的经验,可以帮助你获得新的视角和解决方法。

总结

在解决问题的过程中,灵活的策略至关重要。无论是暂停一段时间、换顺序还是整合资源,这些方法都能帮助你突破困境,找到适合你和孩子的解决方案。保持开放的心态,尝试不同的方式,将使你在育儿的旅程中更加从容与自信。

教育孩子的起效逻辑

我想探讨一下家长教育孩子的起效逻辑。这一逻辑的核心在于如何有效地促进孩子的学习和成长,即我们怎样才能让孩子的状况得到改善?这是许多家长关注的重点。

在一项大规模调研中,我们发现,与老师的互动时间能有效预测孩子的学习成绩,但与家长在一起的时间并没有这样的关联。这一发现揭示了一个重要观点:陪伴的时间长并不等于有效的教育。

促进孩子学习的三大方法

解决问题的伙伴

作为家长,你应当成为孩子解决问题的伙伴。当孩子在学校遇到困难,比如与班主任发生矛盾时,你可以帮助他们分析情况，寻找解决方案，而不仅仅是表达担忧。当孩子说"班主任总是针对我"，你可以问他们"你觉得是因为什么"，引导他们这样思考，寻找可行的方法来解决问题。

关系驱动

有时，解决问题并不在于直接干预，而是为孩子提供支持。倾听孩子的感受，理解他们的压力，可以帮助他们缓解焦虑。在孩子遇到困难时，家庭的支持显得尤为重要。你可以通过积极的陪伴与理解，让他们感受到温暖和安全，从而建立起更深的亲子关系。

情感驱动

孩子常常会感到委屈或愤怒，而这些情感需要一个安全的出口。作为家长，你可以成为孩子的"情感垃圾桶"，承载他们的负面情感，帮助他们感受到被理解和接纳。这种情感支持不仅能提升孩子的心理健康，还能增强他们面对困难的能力。

阻碍孩子成长的三种家长类型

伤口撒盐型

一些家长在孩子遭遇挫折时，往往会翻旧账，这会增加孩子的痛苦。这种做法不仅无益，反而可能加重孩子的负担。因此，教育孩子时应就事论事，避免频繁提及过去的错误。

放大问题型

有些家长在面对问题时容易过于紧张，往往把问题无限放大。这种行为常常使孩子感到无从应对，反而造成更多的焦虑。因此，保持冷静、理智的态度对解决问题至关重要。

问题判官型

如果家长总是以评判者的身份与孩子交流，孩子可能会感到被指责，从而缺乏安全感。这会使他们更加封闭，不愿表达内心的真实想法。因此，与孩子交流时应保持理解与支持的态度，使他们更开放地分享自己的感受。

教育孩子的起效逻辑不仅在于时间的陪伴，而在于如何通过有效的互动与支持，促进他们的学习和心理健康。通过成为孩子的伙伴提供支持，以及避免阻碍因素，家长可以更有效地帮助孩子成长。保持开放的沟通与理解，将使你在育儿的旅程中更为从容。

长期价值：三基训练

最后，我想和大家探讨长期价值，这意味着作为家长你需要学习和实践的内容。我们所说的三基训练，指的是基本知识、基本理论和基本技能。这一训练体系将为你处理孩子的问题提供实用工具。三基训练不是空洞的，而是基于教育孩子的实际情况。你们还记得生活学习发展任务管理模型中的三大领域吗？即生活、学习和成长领域。这三大领域的九个任务是我们后续交流的基础知识框架。实际上，孩子在这三个领域面临的问题是有限的。统计数据显示，小学生面临的问题通常不会超过 500 个。虽然随着孩子年龄增长，问题可能增多，但在早期介入并解决问题总是更容易。

三基训练的核心

三基训练的核心在于知识、理论和技能，以及在这三大领域的九个任务中，进行具体场景的问题导向和结果导向的系统训练。

学习五步法

我们的学习是一个流程，可总结为五步法，这五步能够帮助各位家长解决孩子面临的一些学习问题。

界定问题

在寻求帮助时，首先要明确问题是什么，问题的主要结构和边界是什么，最糟糕的可能性是什么，以及问题的拐点在哪里。通过自我提问，你能更清晰地理解问题的核心。

识别知识点

梳理清与这个问题相关的知识点，找出它在三大领域和九个任务中的对应关系。评估自己是否掌握了相关知识，深入思考是什么、为什么、怎么办。很多家长往往只问"怎么办"，忽略"为什么"，这会导致问题难以解决。

拆解分析原因

使用我提供的思考方法分析问题的根源。这个方法需要你反复学习和练习，直到熟练运用。

设计起效途径

找到该问题最薄弱的环节，以此作为切入点进行干预。记住，目标是找到最容易解决的部分，从而产生连锁反应，帮助孩子逐步改善。

实施与反馈

最后，实施设计的策略，并根据反馈进行调整。这一过程是动态的，需要根据孩子的反应灵活调整你的方法。

通过掌握这些步骤，你将能更有效地支持孩子的成长与学习，成为他们值得信赖的引导者。

提升孩子的学习品质不仅仅依赖于知识的积累，更在于理解和运用这些知识所形成的心智模式。通过持续的学习与实践，你将逐步掌握教育的艺术，培养起孩子的独立意识与责任感，让孩子茁壮成长。无论未来的道路如何变化，你都将是孩子最坚实的后盾。在孩子的学习过程中，停滞和遇到困难是常见的情形。想象一下，你的孩子在一次考试中没有发挥好，带着失落的心情回到家。作为家长，你或许会感到焦虑，不知如何帮助他们重拾信心。木附录探讨了如何在孩子学习遇到困难、停滞不前时，引导孩子找到改变的路径。通过具体的方法和策略，我们探讨了如何让孩子在逆境中重新振作，培养他们的学习品质。这样的转变不仅关乎成绩的提升，更是能为他们的成长打下坚实的基础。

在本附录的结尾，我们希望你能够意识到，孩子的学习是一段旅程，起伏和挑战都是其中的一部分。通过适当的支持与引导，孩子将学会在困难中吸取经验，逐步找到前行的方向。每一次的努力和调整，都是为他们未来的成长奠基。希望这些方法能成为你和孩子共同前行的力量，让他们在学习的路上找到属于自己的光明。

儿童期

《自驱型成长：如何科学有效地培养孩子的自律》
作者：[美] 威廉·斯蒂克斯鲁德 等　译者：叶壮

樊登读书解读，当代父母的科学教养参考书。所有父母都希望自己的孩子能够取得成功，唯有孩子的自主动机，才能使这种愿望成真

《聪明却混乱的孩子：利用"执行技能训练"提升孩子学习力和专注力》
作者：[美] 佩格·道森 等　译者：王正林

聪明却混乱的孩子缺乏一种关键能力——执行技能，它决定了孩子的学习力、专注力和行动力。通过执行技能训练计划，提升孩子的执行技能，不但可以提高他的学习成绩，还能为其青春期和成年期的独立生活打下良好基础。美国学校心理学家协会终身成就奖得主作品，促进孩子关键期大脑发育，造就聪明又专注的孩子

《有条理的孩子更成功：如何让孩子学会整理物品、管理时间和制订计划》
作者：[美] 理查德·加拉格尔　译者：王正林

管好自己的物品和时间，是孩子学业成功的重要影响因素。孩子难以保持整洁有序，并非"懒惰"或"缺乏学生品德"，而是缺乏相应的技能。本书由纽约大学三位儿童临床心理学家共同撰写，主要针对父母，帮助他们成为孩子的培训教练，向孩子传授保持整洁有序的技能

《边游戏，边成长：科学管理，让电子游戏为孩子助力》
作者：叶壮

探索电子游戏可能给孩子带来的成长红利；了解科学实用的电子游戏管理方案；解决因电子游戏引发的亲子冲突；学会选择对孩子有益的优质游戏

《超实用儿童心理学：儿童心理和行为背后的真相》
作者：托德老师

喜马拉雅爆款育儿课程精华，包含儿童语言、认知、个性、情绪、行为、社交六大模块，精益父母、老师的实操手册；3年内改变了300万个家庭对儿童心理学的认知；中南大学临床心理学博士、国内知名儿童心理专家托德老师新作

更多>>>　《正念亲子游戏：让孩子更专注、更聪明、更友善的60个游戏》作者：[美] 苏珊·凯瑟·葛凌兰 等　译者：周玥 朱莉
　　　　　《正念亲子游戏卡》作者：[美] 苏珊·凯瑟·葛凌兰 等　译者：周玥 朱莉
　　　　　《女孩养育指南：心理学家给父母的12条建议》作者：[美] 凯蒂·赫尔利 等　译者：赵菁